ELISABETH LANGE | ELMAR TR

LOS 50 MEJORES CONSEJOS PARA UNA FIGURA ESBELTA Y EN FORMA

HISPANO EUROPEA

ÍNDICE

Una figura en forma

No existe una mujer que no tenga reparos que oponer a su figura: el abdomen podría reducirse un poco, el trasero estar algo más firme y los brazos y las piernas serían más bonitos si tuvieran un poco más de musculación. El camino para conseguirlo puede parecer duro, escarpado y pedregoso. Pero no ocurre así en absoluto: basta con que empieces poco a poco y avances de forma lenta pero segura.

No hay nada que objetar: si has decidido mejorar tu figura con un entrenamiento orientado a tal fin y dar tersura a tu cuerpo, no cabe duda de que querrás ver y sentir los efectos de tu esfuerzo. Te saldrán bien las cosas con Los 50 mejores consejos para una figura esbelta y en forma, es decir, con actividades de *fitness* que se adaptarán a la perfección a ti y, además, te divertirán.

La verdad sobre la tersura del cuerpo

Es muy normal, y la naturaleza lo ha previsto de esa forma, que nuestra figura sufra cambios a lo largo de la vida y que esas alteraciones sean perceptibles, sobre todo, en la piel. A diferencia de los hombres, las mujeres necesitan una mayor proporción de grasa corporal y una estructura del tejido conjuntivo bastante más flexible que la de los varones. Es muy fácil que el número creciente de células de grasa llegue a pasar al tejido conjuntivo y allí se hagan perceptibles unas molestas irregularidades, es la temida celulitis. Cuanto más abundante sea la grasa que se almacena en el tejido subcutáneo y más fláccida sea la musculatura, el efecto de la celulitis parecerá cada vez más intenso.
Así queda claro, al mismo tiempo, dónde hay que tocar para contrarrestar con todo rigor ese indeseable efecto: pon tus músculos en forma y eliminarás además el exceso de tejido graso. ¿Suena complicado? Quizá lo parezca, pero funciona y, además, con un despliegue muy previsible de esfuerzo y tiempo. No necesitarás de esos ungüentos especiales, remedios maravillosos o aparatos mágicos que nos atraen con falsas promesas. Basta con practicar el ejercicio que más se adapte a ti misma y, también, hacer uso de algunos trucos relativos a la alimentación.

Así es cómo funciona

Con unos efectivos ejercicios de musculación que, si lo deseas, se pueden llevar a cabo sin aparatos o con unos sencillos elementos auxiliares, incrementarás la tensión básica de tu musculatura, lo que se conoce como «tono muscular». De esa forma también aumentará la tensión de los tejidos situados sobre esos músculos. Los ejercicios para tensar la musculatura aportan firmeza a la red de fibras de colágeno que se encargan de encerrar y vallar casi por completo las células adiposas, con lo que perderán la oportunidad de penetrar hasta la epidermis y mostrarse en forma de «piel de naranja». Además, los músculos entrenados se encargarán de enderezar tu postura corporal, y eso otorgará un aspecto deportivo y atrayente a toda tu figura. Los 50 consejos están fundamentados en los necesarios conocimientos prácticos dirigidos para alcanzar su efecto a cambio de un esfuerzo razonable.

No hay fórmulas mágicas, basta con seleccionar y combinar los trucos

Este libro te ofrece 50 consejos basados en la experiencia; con ellos llegarás a conseguir, paso a paso, la figura deseada. Cualquiera de ellos por separado también te hará avanzar un paso hacia la meta que esperas alcanzar, pero deberás ser tú quien fije cuál es el adecuado. Qué trucos, consejos, ejercicios y detalles se adaptan mejor a tu persona o te

resultan más efectivos es algo que podrás captar de inmediato, aunque hay que tener en cuenta que puedan variar mucho en función de cada persona. Por lo tanto, una vez seleccionados los consejos, deberás leerlos por separado y llevarlos de inmediato a la práctica. Comienza con el truco que más te apetezca. ¡¡Recuerda que lo más importante para conseguir cambios en tu figura es ponerte manos a la obra!!
Si lo deseas, los 50 consejos los puedes utilizar en el sentido de un masterplan o planificación estratégica en la que cada uno de los trucos se ensamble con los demás, como coherentes piezas de un mosaico con un fin global. En su punto central aparecerán los ejercicios, recomendaciones y consejos prácticos que se adapten de forma óptima a tu capacidad de rendimiento y tu constitución física. Como es lógico, existen diferencias si ya estás inmersa en un entrenamiento o si te has mantenido inactiva durante bastante tiempo y ahora quieres volver a ponerte en marcha o empezar de nuevo. Las principiantes trabajarán con dosis más suaves que las personas más entrenadas, que podrán ejercitarse con mayor intensidad.
Nuestro test de *fitness* muscular te mostrará tu estado actual. Tu estatura y la forma de trabajar de tu metabolismo están definidas en parte por los genes. Por lo tanto, resulta razonable suponer que el entrenamiento debe orientarse en función de la tipología de cada persona. En este libro podrás enterarte del grado de dificultad más adecuado a tu constitución física.
Está claro que la interacción de ejercicio y alimentación debe tener un carácter muy armonioso, pues el éxito más notable se consigue con la combinación de una práctica física guiada y una comida saludable. Hay que poner especial atención en suministrar al organismo las valiosas proteínas: son las bases imprescindibles para conseguir una musculatura con capacidad de rendimiento y metabólicamente activa; esa musculatura será, a su vez, la garantía de un cuerpo terso, atractivo y saludable.

CONSEJO 01

La «ITV» de los músculos: comprobar la fuerza

¿CÓMO LE VAN LAS COSAS A TUS MUSCULITOS? ¿Están fuertes y bien conformados o parecen tener la consistencia de un flan? Con solo tres sencillos pero significativos tests podrás evaluar tus fortalezas y debilidades. Después podrás iniciar unos ejercicios orientados a recuperar los músculos mal conformados y a estilizar de forma armoniosa tu figura. Si repites los tests cada cuatro o seis semanas, podrás seguir de cerca la evolución de las mejoras y eso te motivará de una forma muy especial.

EL MODELADOR DEL CUERPO: NUESTROS GRANDES GRUPOS MUSCULARES

La «ITV» de la musculatura no sirve para músculos pequeños o aislados, sino para evaluar el juego conjunto de los grandes grupos musculares. Al fin y al cabo son los que te procuran un cuerpo terso y te hacen encontrarte bien. El chequeo se refiere a tres zonas: los músculos de las piernas, las caderas y los glúteos, la musculatura abdominal y dorsal, y los grupos musculares del tórax, los hombros y los brazos. Para evaluar sus resultados necesitas disponer de la siguiente visión de conjunto.

1. MÚSCULOS DE LAS PIERNAS, LAS CADERAS Y LOS GLÚTEOS	2. MÚSCULOS DEL ABDOMEN Y LA ESPALDA	3. MÚSCULOS DEL PECHO, LOS HOMBROS Y LOS BRAZOS	GRUPO MUSCULAR / RESULTADOS
No consigues una elevación desde la posición básica	No consigues una elevación desde la posición básica	Menos de 20 repeticiones	Nivel 1 (por debajo de la media)
Mantienes la posición con un brazo levantado	Mantienes la posición con una pierna levantada	De 20 a 30 repeticiones	Nivel 2 (en los valores medios)
Mantienes la posición con un brazo y una pierna levantados	Mantienes la posición con un brazo y una pierna levantados	Más de 30 repeticiones	Nivel 3 (por encima de la media)

«ITV» de los músculos: los tests

1 Músculos de las piernas, las caderas y los glúteos

Colócate en decúbito lateral y usa el antebrazo como elemento de apoyo. Aprieta activamente el borde exterior del pie contra el suelo y mantente en equilibrio sobre las articulaciones del pie y la rodilla. Haz que todo tu cuerpo forme una línea recta (es la posición básica). Intenta levantar el brazo y luego la pierna de la parte de arriba.

1

2 Músculos del abdomen y la espalda

Colócate a cuatro patas (posición cuadrúpeda). Separa las rodillas del suelo unos 2 o 3 cm. Tensa la musculatura abdominal y así mantendrás estable la pelvis y recta la espalda (es la posición básica). Estira una pierna hasta que quede en prolongación de la espalda. Un nivel algo más complicado: ¿puedes, además, levantar el brazo opuesto a la pierna estirada y mantener el equilibrio del peso corporal?

2

3 Músculos del pecho, los hombros y los brazos

Colócate en posición de hacer flexiones y mantén las piernas cruzadas de forma que queden un poco más altas que las rodillas. Haz tantas flexiones como puedas sin forzarte demasiado, manteniendo un ritmo regular. Deja caer el cuerpo de forma que tu pecho quede a unos 10 cm de distancia del suelo. Levántate algo, solo lo necesario para que los codos no lleguen a estar extendidos del todo. Mantén siempre la espalda en línea recta.

3

No todos somos iguales: entrenarse conforme a cada tipo

PARA CADA TIPOLOGÍA FÍSICA EXISTE UN ENTRENAMIENTO ADECUADO. Puedes ser larguirucha y casi enjuta, alta y vigorosa, grácil y esbelta o de una estatura mediana y algo rolliza: si callejeas por cualquier sitio podrás observar una enorme variedad de tipos entre las personas con que te cruces. ¿No parece lógico que, en consecuencia, ese tipo haya de ir en armonía con nuestros esfuerzos para conseguir una buena figura? Evalúa la proporción de fuerza y resistencia que, en función de tu físico, precisas para tu entrenamiento y pon énfasis en ella.

LA TIPOLOGÍA CORPORAL TIENE UNA DEFINICIÓN GENÉTICA

Nuestros genes condicionan las diferencias de nuestra estructura física; en principio y como clasificación fundamental, se puede distinguir entre un tipo corporal delgado (ectomorfo), uno atlético (mesomorfo) y uno rollizo (endomorfo). Dado que en la naturaleza nada es monótono, también existen las tipologías mixtas, pero son poco significativas para la planificación del entrenamiento de fuerza. Las diferencias se basan por un lado en la condición de la musculatura: según la predisposición hereditaria existen tipos de fibras musculares que reaccionan con mayor vigor a los estímulos de fuerza o a los de resistencia. Por otro lado, el metabolismo también juega un papel muy importante: los tipos ectomorfos metabolizan la energía sobrante en forma de calor mientras que en los individuos endomorfos hay una predisposición que favorece su depósito en forma de tejido adiposo. Ambas situaciones originan, como es lógico, notables diferencias en la figura de cada persona.

› **Importante:** Siempre debes conocer el tipo en el que estás encasillada. El entrenamiento de musculación, o de resistencia, no variará de forma sustancial, pero hay que cuidar el énfasis y la dosificación de los ejercicios.

¿En qué tipo morfológico estás incluida?

1 Delgado, tipo ectomorfo

En general eres esbelta, más bien alta pero muy delicada. Normalmente, los michelines te aparecen en los muslos, el trasero y la zona del abdomen. Para las personas de estructura física ectomorfa, lo más provechoso es un entrenamiento de musculación que sirva para moldear el cuerpo, definir los contornos, favorecer la postura corporal y tensar los tejidos.

A lo largo del entrenamiento se disolverá la grasa.

2 Atlético, tipo mesomorfo

Tienes una musculatura bien marcada y es posible que te molesten algunos kilos de más en el tejido adiposo. Lo más indicado para ti es acentuar el entrenamiento de resistencia, aunque el de fuerza también te resultará beneficioso. Debes seleccionar ejercicios con los que logres hacer muchas repeticiones (20 o más). Pon énfasis en un entrenamiento de resistencia que te proporcionará el correspondiente efecto de tensión muscular.

3 Rollizo, tipo endomorfo

El tejido adiposo está repartido por todo tu cuerpo y se apelotona en la zona del abdomen y las caderas. Tu silueta muestra curvas y los tejidos aparecen suaves al tacto. Engordas con facilidad y dispones de una proporción algo escasa de tejido muscular. Lo más provechoso en tu caso es una adecuada combinación de entrenamientos de resistencia y de musculación. Adaptar el entrenamiento de fuerza contribuye a que la estructura muscular pueda aumentar de volumen.

Clasifica con sencillez el tipo de estructura corporal que mejor se adapta a tu silueta.

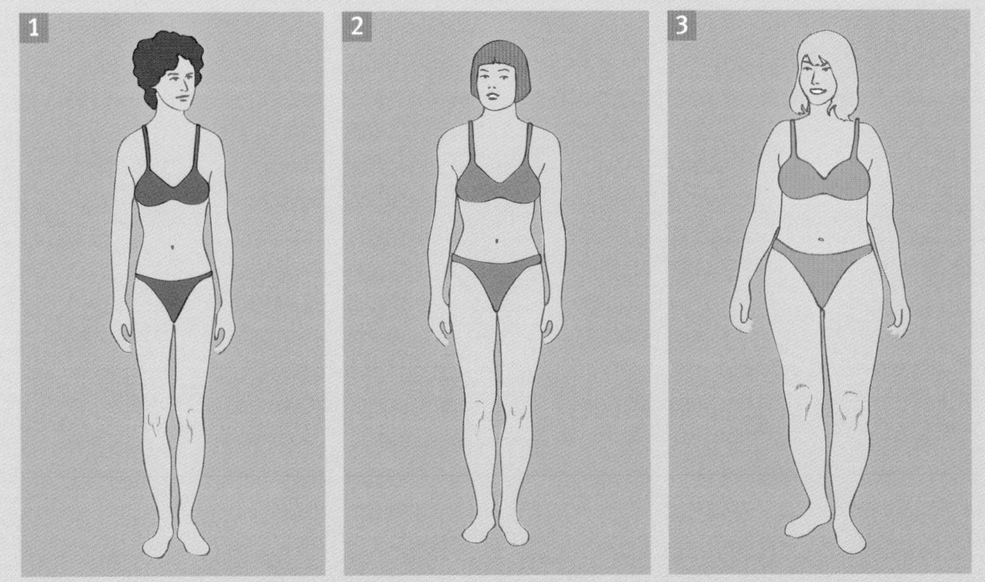

CONSEJO 03

Servirse del deporte como inhibidor del apetito

CONSUMIR CALORÍAS Y, A LA VEZ, ATENUAR EL HAMBRE: eso es lo que siempre desean las personas preocupadas por su figura. Sin embargo, los preparados adelgazantes y las dietas milagrosas solo sirven para reducir el dinero de tu cartera en lugar de rebajarte el contorno de la cintura. ¿Qué debes hacer si te tortura el hambre? El remedio existe: anímate a practicar un deporte. ¿Podría ocurrir que el ejercicio también te provocara hambre? No, por fortuna no, aunque a primera vista pueda resultar algo paradójico; quien se lanza a caminar, correr o remar tiene poca sensación de hambre y, al mismo tiempo, quema más calorías. Además, lo mejor de todo es que el ejercicio relaja y embellece.

DESPUÉS DE ENTRENAR SE COME MENOS

Los expertos de tiempos pasados expresaban su temor de que si bien el ejercicio estimulaba la combustión de energía, también podía incrementar el apetito en la misma proporción. Con ello el total acababa por constituir lo que se denomina un «juego de ganancia cero», en el que al final el deporte no aportaba ninguna ventaja en lo referente al adelgazamiento. Estudios más recientes realizados en Reino Unido muestran, sin embargo, que el entrenamiento intensivo incrementa las hormonas que frenan el apetito, aunque el grado del mismo generado por el neurotransmisor, la hormona grelina, permanece inalterado. Los individuos sometidos al test fueron interrogados después del ejercicio e informaron de que los entrenamientos de musculación, o de resistencia, les habían servido de «quitahambres» y su apetito era menor que de ordinario; no obstante, el efecto posterior a las carreras fue algo más intenso que el resultante del levantamiento de peso. Después de un duro entrenamiento, puede que los deportistas comieran un poco más, pero el consumo de energía también había aumentado de forma considerable al compararlo con el grupo de personas que sirvió de control. Al final se produjo una ganancia en el balance energético que hizo más fácil conseguir el adelgazamiento.

Un deporte de resistencia frena el apetito

Uno de los «quitahambres» más adecuados es la tan popular marcha nórdica. Esa forma de caminar auxiliándose de bastones ofrece toda una serie completa de ventajas:

› Para la misma frecuencia del pulso consigues cerca de un 10 por ciento más de consumo de calorías que con la marcha (*walking*) normal; además, los bastones sirven para activar los músculos del torso y los brazos.

› La exigencia de esfuerzo en las articulaciones es solo la mitad de la que tiene lugar al practicar el *jogging*. Sin embargo, las ventajas de esos deportes actuales solo te beneficiarán si dominas su técnica en lugar de lanzarte de inmediato a un paseo con los bastones.

Lo mejor, en consecuencia, es hacer un curso preparatorio. Si practicas este deporte en grupo, la cosa resultará más divertida porque todos tendrán que mantener la misma velocidad durante el recorrido y podrán pasárselo bien mientras caminan. También es importante planificar un tiempo fijo para el entrenamiento.

Así que echa mano de los bastones y comienza con esa comunicativa forma de quemar grasas...

Un entrenamiento suave es el comienzo de un día agradable

COMIENZA RELAJADA para que te resulte ameno el día. Si no has pasado la noche con los ojos abiertos de par en par, te encuentras bien por la mañana y te sientes activa, puedes dedicar un poco de tiempo al deporte: los inicios de la mañana son muy adecuados para poner en práctica un ligero entrenamiento de resistencia. El esfuerzo no debe ser excesivo, pues a esas horas tu cuerpo reaccionará mejor si le exiges con moderación y no con plena intensidad. Olvídate, pues, de los recorridos de marcha o del ergómetro, y practica un deporte suave.

SERVIRSE DE LA COMBUSTIÓN NOCTURNA **DE LAS GRASAS**

Lo mejor es que inicies tu precoz deporte matutino antes del desayuno. Después tu organismo aún tendrá poco azúcar en sangre y podrá recurrir como refuerzo a los ácidos grasos como portadores de energía. Esto resulta recomendable en especial si eres de las que te muestras activa desde antes de las ocho de la mañana, pues a esas tempranas horas los biorritmos aún se encuentran, como debe ocurrir, en el modo de combustión de grasas de la jornada nocturna, mientras que el cuerpo ya vive en el «modo día» y prefiere los hidratos de carbono, es decir, recurre a la glucosa.

Al acabar de ducharte disfrutarás de la buena sensación de haber hecho algo de provecho y eso te servirá de motivación para los esfuerzos del día a día.

En el desayuno debes cuidar tu metabolismo con la suficiente aportación de hidratos de carbono (puede ser muesli o un panecillo untado en mermelada), pues son necesarios para concentrar la mente en el trabajo, ya sea de la oficina o de casa.

¿Ahorrar calorías? Primero hay que comprobar las que se necesitan

¿SABES DE FORMA PRECISA cuánto debes comer para no engordar? ¿No? Pues te ocurre lo mismo que al 90 por ciento de las personas. Esa información es muy importante, en especial si deseas mejorar tu figura. Resulta muy sencillo hacer una estimación de las necesidades de energía de cada uno.

EL PRESUPUESTO MÁS ADECUADO **PARA TU TIPO**

Unos estudios recientes muestran que el metabolismo energético no depende tan solo del peso sino, sobre todo, de la proporción de tejido biológicamente activo, es decir, de la musculatura. Las personas con un elevado componente muscular tienen un metabolismo basal más alto que sus congéneres con mayor proporción de grasa. Es debido a que la grasa apenas consume energía.

› **Puedes calcular tus necesidades calóricas** de acuerdo con lo que indicamos a continuación: multiplica tu peso corporal (en kilos) por 24 (horas). De esa forma conocerás tu metabolismo basal. Es la energía que utiliza tu cuerpo, en reposo, para satisfacer sus funciones más elementales. Por ejemplo, si pesas 60 kg tienes un metabolismo basal de 1.440 kcal.

› **Por supuesto hay que añadir** lo que necesitas todos los días para cubrir tu actividad, tanto laboral como de ocio. Si lo que prevalece en tu vida es mantenerte sentada (como le ocurre, por desgracia, a mucha gente), ese metabolismo basal solo necesitará un incremento de un 10 a un 20 por ciento de calorías. Si practicas deporte, puedes añadir un incremento del 50 por ciento.
Si quieres adelgazar, elimina cada día entre 300 a 500 kcal de las que necesites. Si son más, más rápido irá todo.

Lo que debes añadir a tu metabolismo basal

ACTIVIDAD FÍSICA	NECESIDADES DE CALORÍAS
Individuo siempre sentado y que en su tiempo libre apenas se separa del sofá	+ 10 por ciento
Adulto «típico» que desarrolla su actividad laboral sentado y que solo practica deporte de forma irregular	+ 20 por ciento
Personas que tienen actividad física todos los días, por ejemplo, amas de casa, enfermeras, etcétera	+ 30 por ciento
Deportistas activos de *fitness* que se entrenan de acuerdo con las recomendaciones de este libro	+ 50 por ciento
Personas que practican grandes esfuerzos físicos, deportistas de rendimiento	+ 70-100 por ciento

Necesidades de calorías en función de la intensidad de la actividad física.
Datos por kilogramo de peso corporal, modificados de Williams (1997)

Averigua cuál es tu quemador de grasas favorito

LOS DEPORTES DE RESISTENCIA SON IMBATIBLES A LA HORA DE CONSUMIR CALORÍAS y de conseguir la combustión de las grasas. Nuestro sistema cardiocirculatorio se sitúa de inmediato en un ámbito óptimo de esfuerzo y se pone a toda marcha el metabolismo energético. No obstante, existen diferencias para cada tipo de deporte y debes poder aprovecharlas de forma consciente.

QUEMAR GRASA CON EL DEPORTE DE RESISTENCIA

¿Cuál es el mejor deporte de resistencia? En general, la respuesta es muy difícil, pues cada deporte tiene sus particularidades y, además, debe proporcionarte diversión mientras lo practicas.

› Al **correr** consigues un consumo de calorías muy elevado. Sin embargo, este deporte supone una carga muy fuerte para las articulaciones.

› Más amistosas con las articulaciones resultan tanto el ***walking*** como la **marcha nórdica**. En esta última, al caminar con bastones la actividad de los brazos exige un consumo de calorías algo más elevado.

› El entrenamiento en el agua, del que no solo forma parte la natación, sino también interviene el ***aquajogging*** y el ***aquapower***, proporciona un esfuerzo óptimo para las articulaciones junto con un gasto energético elevado.

› Al **montar en bicicleta** concentras el esfuerzo en los músculos de los muslos.

› El **patinaje en línea** exige, además, la utilización de los músculos de las caderas, los glúteos y la espalda.

› **Resumen:** el consumo de calorías y la exigencia a las articulaciones son con seguridad los dos criterios de decisión más importantes. En la próxima página puedes localizar el tipo de deporte que más te agrade y que, además, siempre te apetezca volver a poner en práctica. Si te inclinas más por el patinaje en línea que por practicar *jogging*, hazlo durante algunos minutos más.

La energía que consumes con un deporte de resistencia*

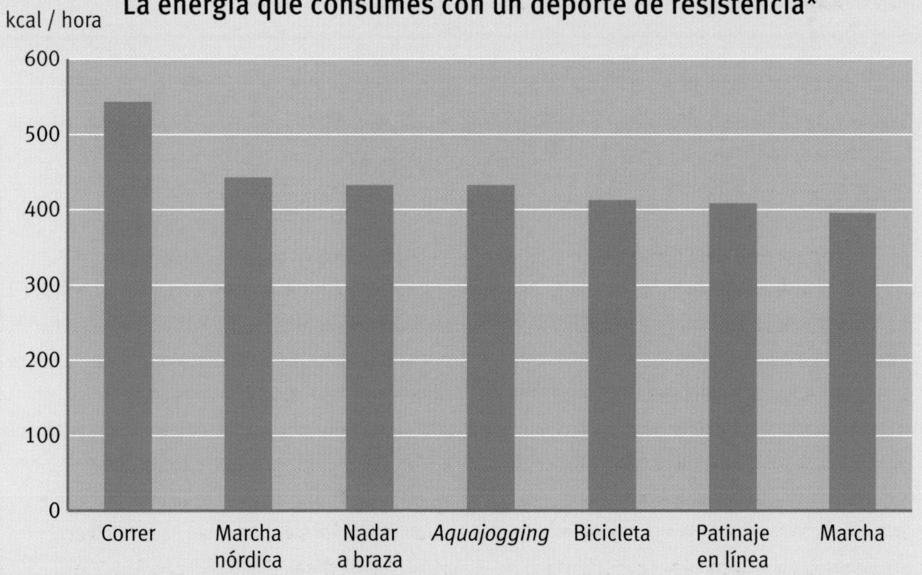

* Consumo de energía (kcal/hora) en el caso de una deportista de 60 kg de peso, no especializada y practicante de cualquier tipo de ejercicio, en condiciones comparables de esfuerzo [Fuente: IPN, Institut für Prävention und Nachsorge (Instituto para la prevención y cuidados postoperatorios), 2008].

Prevenir las crisis de energía con legumbres

LOS GUISANTES, LOS GARBANZOS, LAS JUDÍAS Y LAS LENTEJAS son muy baratos y, sin embargo, son las superestrellas del mundo de los alimentos saludables. Su gran mérito radica en que abastecen de energía al organismo por un largo período de tiempo y, después de una comida abundante, al día siguiente aún estarás protegida frente a súbitas depresiones de rendimiento. No importa que tu entrenamiento sea de resistencia o destinado a estructurar la musculación; puedes incorporar diariamente a tu dieta una o dos cucharadas de judías, lentejas o garbanzos en la salsa para pastas, los gratinados, las sopas, las ensaladas o los guisos. Para que la digestión vaya bien, lo mejor es que aumentes despacio las cantidades que consumas de ellas.

POR SUERTE, VUELVEN A ESTAR DE MODA

Los expertos en nutrición denominan «leguminosas» a estas semillas de bellas y multicolores formas y decorativos colores. Hace ya mucho tiempo que habían caído en el olvido por tratarse de «comida de gente pobre», pero ahora los investigadores han vuelto a interesarse por ellas debido a que, comparadas con las demás, las personas que toman con frecuencia habichuelas, lentejas o garbanzos suelen ser de talle más delgado, su tensión arterial es menor y mantienen un nivel muy estable de azúcar en sangre. Lo más probable es que existan varias razones para esa vuelta a la actualidad: los aficionados a las legumbres sacan provecho de un producto de bajo precio y gran contenido de fibras alimenticias que sirven para regular el metabolismo de los azúcares, dado que, además de carbohidratos lentos, las legumbres contienen mucha proteína y son excelentes para aportar una sensación de saciedad. También aportan al organismo unos nutrientes que suelen ser escasos, como el ácido fólico, el zinc y el magnesio.

Las judías pintas hacen que los brownies *queden más jugosos y, además, el sabor a chocolate se mantiene muy bien.*

Brownies para *fitness*

1 ración contiene:
6 g de proteínas | 9 g de grasas |
22 g de carbohidratos | 3,5 g de fibra |
205 de kcal | 860 de kJ

Ingredientes para 16 trozos

- 100 g de judías pintas (de bote)
- 50 ml de leche
- 100 g de mantequilla o margarina
- 4 huevos
- 250 g de azúcar
- 80 g de cacao en polvo
- 125 g de harina
- 1 pizca de sal
- ½ bolsa de levadura en polvo
- 100 g de semillas tostadas de soja (en comercios de productos dietéticos)

1 Precalentar el horno a 175 °C. Colocar las judías en un colador, lavarlas con agua corriente y dejarlas secar. Echarlas, junto con la leche, en un vaso graduado y triturarlas con la batidora para preparar un puré suave.
2 Derretir la mantequilla.
3 Remover el puré de judías, la mantequilla, los huevos, el cacao, la harina, la sal y la levadura hasta conseguir una pasta homogénea. Picar, no demasiado gruesas, las semillas de soja e incorporarlas a la masa. Colocar la masa en un molde engrasado, por ejemplo, uno de bandeja de 24 x 24 cm y hornear durante 25 a 30 minutos.
4 Sacar el bizcocho del molde, dejar enfriar sobre una rejilla y cortar en pedazos de 6 x 6 cm para conseguir un total de 16 raciones.

IDEALES PARA CONSERVARSE:
Si están bien envueltos, los *brownies* se conservan jugosos y frescos durante una semana.

Estiramientos guiados: menos esfuerzo y mayor efecto

EQUILIBRIO PARA LAS QUE HAN DE TRABAJAR EN UN DESPACHO: ¿estás sentada durante mucho tiempo en la oficina y al levantarte tienes la sensación de que no te puedes poner erguida? ¿No te sirve de nada enderezarte o desperezarte? Dedícate a hacer unos ejercicios guiados de estiramiento. Lo mejor de ellos es que si los practicas con regularidad tu aspecto físico será cada vez más erguido y atractivo.

LA MUSCULATURA SE ACORTA **SI ESTÁS SENTADA MUCHO TIEMPO**

Lo más importante para alcanzar una buena postura corporal es conseguir un equilibrio adecuado entre los músculos más fuertes y los más flexibles. Si hay una cierta parte de la musculatura que pierde su elasticidad, notarás en seguida su perjudicial efecto sobre tu figura. Estar sentada mucho tiempo ante la mesa del despacho contribuye de forma muy considerable a los siguientes inconvenientes:

› Al sentarte mantienes las piernas siempre dobladas. Eso produce con el paso del tiempo una disminución de la flexibilidad de los músculos flexores de la cadera. Esa musculatura tira hacia arriba de los muslos a través de la pelvis hasta la columna vertebral lumbar en la que se puede producir una lordosis.

› Los hombros también los puedes dejar caer hacia delante y mantenerlos en tensión en esa posición durante bastante tiempo a causa del estrés. Esto influye de forma muy desfavorable en la elasticidad de los músculos del pecho.

› No es raro que al mantenerte sentada durante mucho tiempo apareciera una curvatura de la columna vertebral (se denomina cifosis) que contribuye a acortar la porción superior de los músculos del abdomen.

› **Resumen:** unos ejercicios de estiramiento guiados sirve para generar el contraste necesario y conseguir una postura erguida.

Los tres mejores ejercicios de estiramiento

1 Para la musculatura flexora de las caderas

Colócate en posición de dar un paso amplio hacia delante y apoya la parte superior del cuerpo en las manos, que estarán colocadas al lado del pie adelantado. Ahora empuja despacio las caderas en dirección al suelo (¡sin enderezar el torso!). Mantén esta posición durante el tiempo que tardes en respirar en 3 o 4 ocasiones y repite el ejercicio de 3 a 5 veces.
Luego cambia de lado.

2 Para la musculatura pectoral

Apoya el brazo derecho, a mayor altura que tu cabeza, en una pared. Para estirar la musculatura pectoral, gira con cuidado hacia la derecha la parte superior del tronco alejándote de la pared. La pelvis debe permanecer estable para evitar la lordosis. Mantén esta posición durante el tiempo que tardas en respirar en 3 o 4 ocasiones y repite el ejercicio de 3 a 5 veces.
Luego cambia de lado.

3 Para la musculatura recta abdominal, porción superior

Túmbate de espaldas con las piernas recogidas. Apóyate sobre una toalla enrollada que habrás colocado un poco más arriba de la columna vertebral dorsal; de esa forma mantendrás estirada la parte superior de la musculatura abdominal. Puedes colocar los brazos extendidos hacia atrás. Mantén esta posición durante el tiempo que tardas en respirar en 3 o 4 ocasiones y repite el ejercicio de 3 a 5 veces.

No dar oportunidades a las varices: cómo mantener las venas en forma

SI ESTÁS SENTADA MUCHO TIEMPO EN LA MESA DEL DESPACHO O EN EL COCHE, no solo te perjudicarás la espalda y las articulaciones, sino que el riego sanguíneo también padecerá a causa de la monotonía de esa posición: a la larga puedes comenzar a sufrir problemas vasculares en las piernas o se reforzarán las afecciones que ya tengas en ellas. Es una cosa muy fácil de resolver: limítate a realizar pequeños movimientos para activar la bomba musculo-venosa de tus piernas.

VENAS SALUDABLES CON UN BUEN RIEGO SANGUÍNEO

Cualquier movimiento, por pequeño que sea, sirve para mejorar el riego de tus piernas.
Si haces continuos cambios de tensión y relajación de los muslos, activarás el mecanismo del bombeo sanguíneo y generarás el consiguiente apoyo al transporte de retorno de la sangre al corazón. Al estar sentada te falta ese impulso tan importante para la salud de las venas. La sangre se estanca en ellas y puede provocar poco a poco las insanas y poco estéticas varices.
Para activar el bombeo en las venas no hace falta que estés constantemente pendiente de ese proceso: unos pequeños ejercicios en la parte de debajo de la mesa, y por lo tanto inapreciables para el resto de las personas, servirán para aportar el impulso muscular necesario. Además, puedes aprovechar cualquier ocasión que se te brinde para hacer esos ejercicios.

› **Resumen:** si sabes que ya tienes problemas venosos, este consejo es muy importante para ti; además te servirá como una profilaxis muy eficaz.

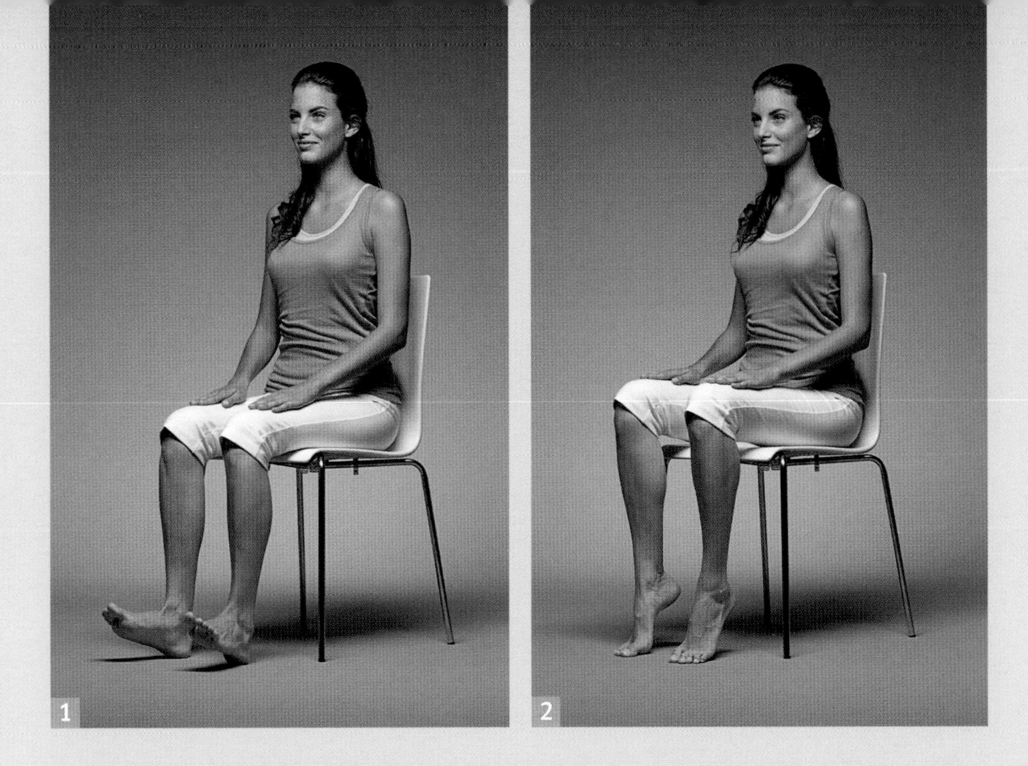

Un entrenamiento ligero para las venas

En particular el primero de estos ejercicios solo te será de utilidad si tienes unos zapatos muy holgados o, mejor aún, si te los quitas. No hagas a la vez ningún movimiento para equilibrarte con la parte superior del cuerpo.

1 Sujetar con los dedos de los pies

› Imagina que quieres sujetar un lápiz con los dedos de los pies y haz el movimiento adecuado para conseguirlo.

› Mantén la tensión de 5 a 7 segundos

› Relaja bruscamente esa tensión.

› Percibe la sensación que se experimenta en los dedos al tensar y aflojar. Por último deja que se diluya poco a poco toda la tensión hasta que quedes totalmente relajada y suelta. Tómate 1 minuto de tiempo para esta etapa.

› Repite el ejercicio.

2 Apretar con los dedos de los pies

› Presiona firmemente los dedos de los pies contra el suelo. Debes mantener erguida, pero relajada, la parte superior del cuerpo.

› Mantén la tensión de 5 a 7 segundos

› Relaja bruscamente esa tensión.

› Percibe la sensación que se experimenta en los dedos al tensar y aflojar. Por último deja que se diluya poco a poco toda la tensión hasta que quedes totalmente relajada y suelta. Tómate 1 minuto de tiempo para esta etapa.

› Repite el ejercicio.

CONSEJO 10

Entrenamiento en circuito: un ejercicio intensivo

¡EL ENTRENAMIENTO MODERNO EN CIRCUITO SE HA PUESTO DE ACTUALIDAD! ¿No te ocurre que la mera expresión «entrenamiento en circuito» ya te hace sentirte agitada al recordarte el pesado trabajo de tus días de deporte en la escuela? No debes tener ningún problema en olvidarlos, pues en la actualidad ese entrenamiento no tiene ninguna relación con lo que se practicaba en aquellos tiempos. En lugar de eso, lo que ahora aparece es una combinación de ejercicios de musculación y resistencia de carácter intensivo y variado, que ahorra tiempo y, además, es muy motivador.

UN ASUNTO CÍCLICO: **ENTRENAMIENTO *NON STOP***

Elige 5 ejercicios de fuerza para los grupos musculares más importantes del cuerpo, combínalos con continuos cambios para activar la resistencia y ponlos todos ellos en práctica a lo largo de 2 o 3 vueltas por el circuito. Así las consecuencias del entrenamiento de todo el cuerpo te harán conseguir en muy poco tiempo un fortalecimiento muscular, una mejora de tu resistencia y te garantizará un elevado consumo de calorías; se trata de algo ideal para mantener el cuerpo en forma.
Así es como funciona:

› Coloca un reloj con segundero de forma que te resulte visible.

› Si sientes motivación por la música, busca algunas canciones rítmicas y sube el volumen.

› Ejecuta cada práctica unos 60 segundos. Después de hacer ejercicios de musculación, comienza sin pausa con una práctica de resistencia que también dure 60 segundos. De esa forma completarás el circuito en 10 minutos.

› Da 2 o 3 vueltas al circuito.

› **Resumen:** los cambios entre musculación y resistencia harán que tu entrenamiento resulte muy intensivo sin que exista el peligro de que el esfuerzo sea excesivo.

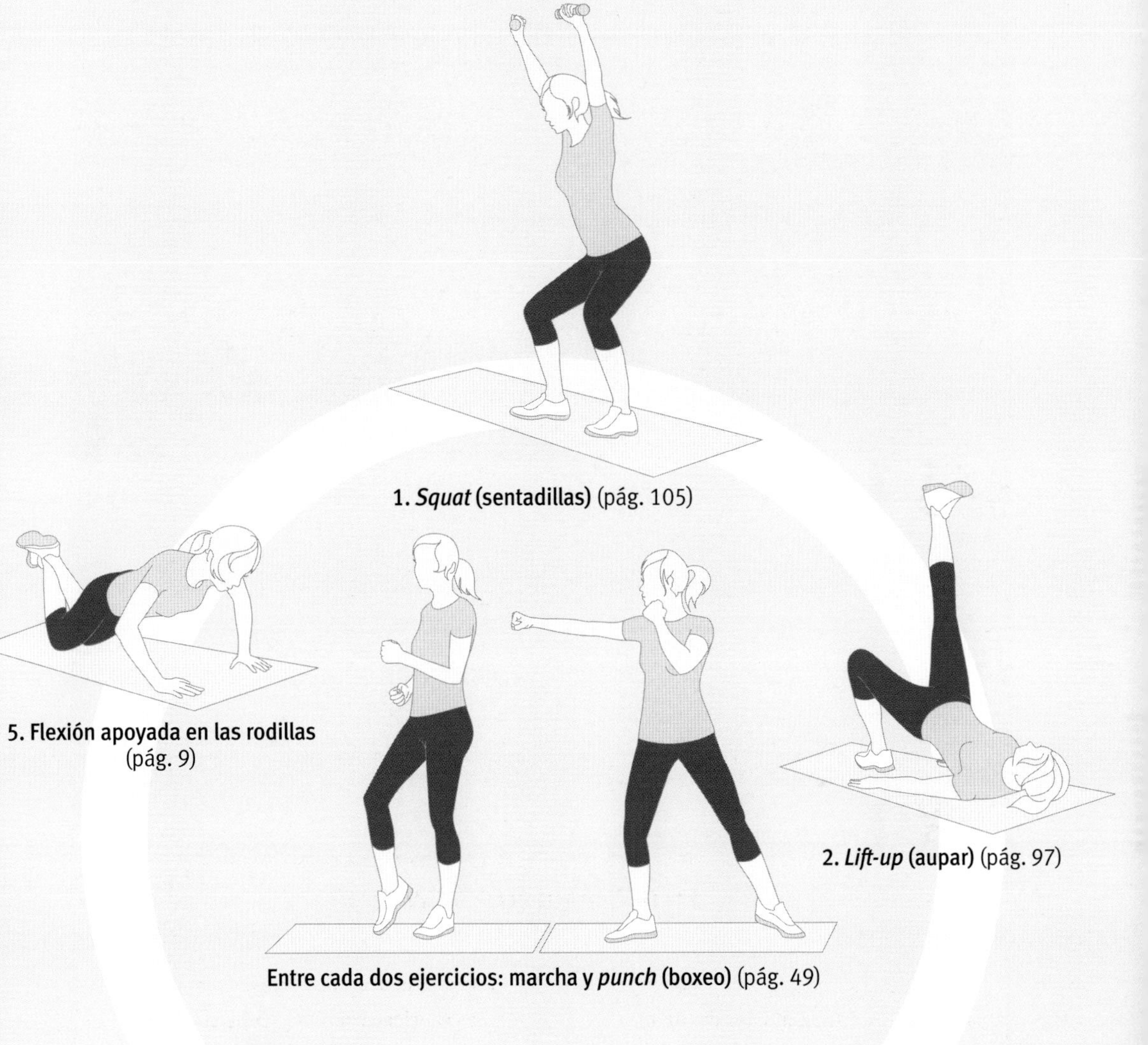

1. *Squat* (sentadillas) (pág. 105)

5. Flexión apoyada en las rodillas
(pág. 9)

2. *Lift-up* (aupar) (pág. 97)

Entre cada dos ejercicios: marcha y *punch* (boxeo) (pág. 49)

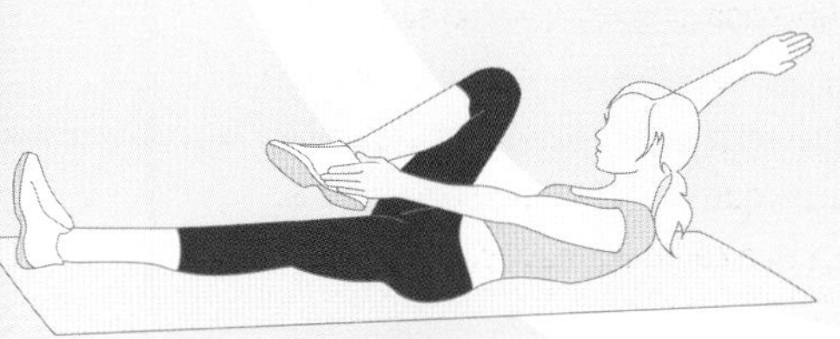

4. *Crunch* en diagonal (pág. 35)

3. Elevación en diagonal (pág. 79)

CONSEJO 11

Para las prisas: lleva contigo el desayuno energético

LOS QUE ABORRECEN EL DESAYUNO LO PUEDEN TOMAR LÍQUIDO. Hay personas a las que les afecta mucho lo de tener que comer algo nada más levantarse de la cama y ducharse. ¡Desayuno no, gracias! ¿Comer con algo de calma? ¡De eso nada! Si acaso un café bebido, de pie y con prisas. Y muchos de ésos, que la noche anterior se han puesto las botas comiendo, intentan ahora ahorrar las calorías que antes tomaron en exceso. No obstante, quien quiera estar en forma durante el día que se avecina deberá comer algo, por poco que sea, por la mañana. ¿Que no estás acostumbrada? ¿Cómo no vas a poder tomar un ligero y equilibrado desayuno líquido?

DESAYUNAR EN LUGAR DE PICOTEAR

Mientras que unas se despiertan, oyen los ruidos de su estómago y se van de inmediato hacia la cocina, otras no pueden tomar nada antes de las diez de la mañana. Con las costumbres y la hora de la comida las hay que prefieren la mañana como las alondras, y otras la noche, como las lechuzas. Sin embargo, las que aborrecen desayunar no pueden pasarse todo el día sin comer. Después de la cura de ayuno matutino aumenta el riesgo de engordar. Investigaciones de nutricionistas norteamericanos ponen de relieve que quien después de levantarse no toma una comida equilibrada, tendrá que hacer frente durante el mediodía y por la tarde a los ataques de los tentempiés.

Si no puedes comer por las mañanas, al menos toma una bebida que te sacie. Lo ideal es una combinación de hidratos de carbono que te aportarán energía, fibra que te llenará el estómago y, además, algo de fruta. Una pequeña dosis de proteínas y un par de gotas de un aceite vegetal de primera calidad producirán un efecto prolongado.

Mezcla de carbohidratos, fibra, proteína y lecitina: la ayuda perfecta para empezar el día.

Bebida energética para un arranque rápido

1 ración contiene:
10 g de proteínas | 5 g de grasas |
23 g de carbohidratos | 3,5 g de fibra |
185 de kcal | 781 de kJ

Ingredientes para 2 raciones

½ l de leche desnatada
1 cucharada de copos de salvado de avena
1 cucharadita de harina de soja desgrasada (en comercios de productos dietéticos)
100 g de frambuesas (congeladas) u otras bayas
½ cucharadita de aceite de espino amarillo o de nuez
1 o 2 cucharadas de miel (o sirope de arce)
1 pizca de vainilla molida

1 Coloca la leche en un recipiente. Mezcla en un cuenco pequeño los copos de avena y la harina de soja.
2 Añade a la leche tanto las frambuesas como el aceite, la miel y la vainilla; usa una varilla para remover con vigor la mezcla. Tómate de inmediato la bebida o échala en un termo para llevarla a la oficina.

BUENA PARA LLEVAR CONTIGO:
Si no tienes tiempo por la mañana para tomarla, deja preparada la bebida. Las bayas congeladas la mantendrán bastante fresca y si la guardas en un frasco aislante aguantará hasta la noche.

CONSEJO 12

Tomar más productos lácteos

LA LECHE ES MUY EFECTIVA. Tiene una gran cantidad de minerales, valiosas proteínas y trece vitaminas: ésos son los puntos a favor del líquido blanco, el yogur y otros lácteos. Su contenido en calcio hace de ella, sobre todo, una sustancia adelgazante. Refuerza los huesos y favorece el trabajo muscular. En caso de que hasta ahora hayas apuntado poca leche en tu lista de la compra, lo mejor que puedes hacer es beneficiarte todos los días de una ración de productos lácteos; además, son muy fáciles de digerir.

LOS SALUDABLES SECRETOS **DE LA LECHE**

Unas comidas opíparas con nata montada y queso con el 70 por ciento de grasa no son, desde luego, las que te van a proporcionar una buena figura. Sin embargo, hay personas a las que les gusta tomar productos lácteos con regularidad y se ha comprobado estadísticamente que son más delgadas que las que no lo hacen.

Algunos investigadores creen que el calcio y otros componentes de la leche pueden servir en el tejido adiposo para cambiar el «interruptor» desde la posición de «reserva» a la de «consumir en los músculos». Otros se refieren a las ventajas del glucomacropéptido que contiene la leche y que es un inhibidor natural del apetito. También puede ser a causa del porcentaje, superior al 10 por ciento, del aminoácido leucina que contiene y que resulta útil porque frena la reducción de la masa muscular. No importa lo que sea, el caso es que ningún científico pone en duda que los productos lácteos tienen una importante aportación a cualquier forma equilibrada de alimentarse. ¡El que cambia la carne grasa por el quark desnatado hace lo más adecuado!

Si alguien no puede soportar la leche porque le produce trastornos gástricos (intolerancia a la lactosa), en lugar de ella puede consumir un queso duro de buena maduración. Se digiere mejor por su escaso contenido de lactosa.

Leche, el líquido mágico

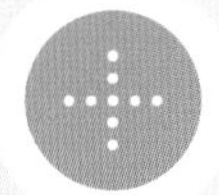

Nueve importantes componentes de las proteínas (aminoácidos)

620 mg	de leucina		
468 mg	de lisina	270 mg	de treonina
410 mg	de valina	158 mg	de histidina
376 mg	de isoleucina	152 mg	de metionina
304 mg	de tirosina	86 mg	de triptófano

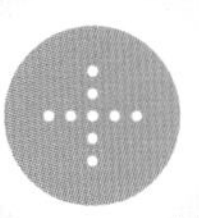

Muchos ácidos grasos, entre otros

4,24 g	de ácidos grasos saturados
2,1 g	de ácidos grasos insaturados simples
0,24 g	de ácidos grasos insaturados múltiples

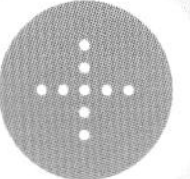

Ocho minerales

300 mg	de potasio
240 mg	de calcio
186 mg	de fósforo
100 mg	de sodio
24 mg	de magnesio
0,8 mg	de zinc
0,1 mg	de hierro
15 µg	de yodo

1 VASO DE LECHE ENTERA (0,2 l) CONTIENE:

128 kcal / 538 kJ

7 g de proteína

7 g de grasa

9 g de hidratos de carbono

0 g de fibra

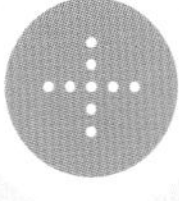

Trece vitaminas

3,4 mg	de vitamina C
1,6 mg	de niacina (B_3)
0,7 mg	de ácido pantoténico
0,34 mg	de riboflavina (B_2)
0,14 mg	de vitamina E
0,08 mg	de tiamina (B_1)
0,08 mg	de piridoxina (B_6)
66 µg	de equivalentes de retinol
10 µg	de ácido fólico
8 µg	de vitamina K
7 µg	de biotina
0,8 µg	de cobalamina (B_{12})
0,34 µg	de vitamina D

CONSEJO 13

Entrenamientos variados para conseguir un cuerpo de ensueño

POR MUCHO QUE LE DES VUELTAS AL ASUNTO, no vas a cambiar nada: los mejores resultados para conseguir tensión muscular y una buena conformación corporal se alcanzan combinando un entrenamiento de resistencia con un acentuado metabolismo de las grasas con un programa de musculación. Además, cabe decir que lo más útil es distribuir las distintas actividades a lo largo de la semana a fin de ajustarlas de forma óptima a tu tipo corporal. Lo más adecuado es planificar las prácticas y comprometerse a ellas para cada una de las semanas de tu calendario de citas.

LO MEJOR ES COMBINARLOS: ENTRENAMIENTO DE MUSCULACIÓN Y DE RESISTENCIA

La mayoría lo prefiere: desde el punto de vista médico y el científico-deportivo, lo más útil es entrenar tanto la resistencia como la fuerza:

› **Las actividades de resistencia** sirven para entrenar tu sistema cardiocirculatorio y son el fundamento para atender y conseguir la eficiencia y la preparación de tu rendimiento.

› **Con un entrenamiento de estructuración muscular** elevas tu consumo de energía, tanto durante el esfuerzo como después, una vez que ya no estás activa.

› **El conjunto de ambos entrenamientos** te proporciona un metabolismo saludable que se reflejará en la belleza de tu piel y en una elevada combustión de grasas.

› **Tu tipología corporal** es la que te servirá para subrayar el aspecto de musculación o resistencia de tu entrenamiento. La forma de hacerlo la puedes consultar en la página siguiente.

La planificación de tus datos clave personales

Tipo morfológico (Consejo 2)

De acuerdo con el tipo en el que te agrupes, te corresponderá alguna de las siguientes propuestas.

› Ectomorfo, tipo delgado: 3 veces entrenamiento de musculación, más 1 o 2 veces un ligero entrenamiento de resistencia.

› Mesomorfo, tipo atlético: 2 veces entrenamiento de resistencia, más 2 veces entrenamiento de fuerza-resistencia.

› Endomorfo, tipo rollizo: 3 veces entrenamiento de resistencia, más 2 veces entrenamiento de estructuración muscular.

Gestión del tiempo (*timing*)

Reparte el entrenamiento, en la medida de lo posible, a lo largo de toda la semana; siempre deberás alternar las sesiones de musculación con las de resistencia. Evita realizar dos sesiones intensivas de entrenamiento del mismo tipo en dos días consecutivos.

Duración

Incrementa en primer lugar la duración de las sesiones de entrenamiento y más tarde deberás hacerlo con su intensidad. Este principio es válido para ambos tipos de entrenamiento.

POSIBLES ANOTACIONES EN EL CALENDARIO DE UN TIPO ENDOMORFO	
Lunes 17.00 a 17.30 h	Entrenamiento de estructuración muscular, punto esencial: el torso
Martes 07.30 a 08.00 h	Walking
Miércoles 17.30 a 18.00 h	Entrenamiento de estructuración muscular, entrenamiento general del cuerpo
Jueves 18.00 a 18.45 h	Walking
Viernes 14.00 a 15.30 h	Patinaje en línea con la familia

CONSEJO 14

Dar forma a un abdomen esbelto sin necesidad de costosos aparatos

OLVÍDATE de «Destructor de la barriga», «Para modelar el tipo», etcétera, como prometían las emisiones de larguísimos anuncios publicitarios al referirse a ciertos aparatos. Si deseas poner en forma tu figura, lo puedes conseguir de forma gratuita y muy eficaz, sin tener que recurrir a aparatos de gimnasio. Hasta conseguirás incrementar la tensión de tu musculatura abdominal con unos ejercicios especiales. Resultan decisivas tanto la correcta selección como la dosificación de los ejercicios y, por supuesto, que los practiques con regularidad.

LO ESENCIAL: **LA INTERACCIÓN DE LOS MÚSCULOS**

Los músculos del estómago, ya sean los rectos, oblicuos o transversos, trabajan como una unidad funcional. Cuanto más se active cada una de las zonas musculares por separado, mayores son los efectos del entrenamiento. Según sea el ejercicio y la realización del movimiento se observarán unas claras diferencias que se pueden medir con sensores colocados en la superficie de la musculatura abdominal. Si la trayectoria del movimiento está predeterminada, como es típico que ocurra con las máquinas de musculación abdominal existentes en los gimnasios, la musculatura oblicua apenas resultará reforzada. El ejercicio de flexión es asumido casi en su totalidad por los abdominales rectos. Las medidas de los sensores tomadas para un ejercicio de *crunch* simple (y, por lo tanto, sin aparatos) muestran en cambio otro aspecto: debido a la falta de un mejor control cinético, la musculatura oblicua es exigida con mucha más fuerza para apoyar el movimiento ascendente.

Además, se añade la utilización de los músculos flexores de la cadera, como es el caso de los ejercicios 2 y 3, lo que incrementa de forma complementaria la tensión de la musculatura abdominal.

Tres ejercicios para conseguir un estómago plano

1 *Crunch* básico

Con este ejercicio se entrenan, sobre todo, los músculos rectos del estómago. Debes partir de la posición de decúbito supino y, sin darte impulso, enrollar la parte superior del tronco de forma que los omóplatos dejen de estar en contacto con el suelo. Si, como ocurre en la ilustración, también quieres relajar la nuca, pon una toalla debajo de tu cuerpo y apoya el occipucio en ella. Mantén la posición durante 1 segundo y déjate caer poco a poco. Repite el ejercicio de 10 a 15 veces.

2 *Crunch* con palanca de piernas

Con este ejercicio se eleva el grado de dificultad debido al efecto palanca de las piernas. Levanta el torso como en el ejercicio 1 y sostén la tensión básica de la musculatura abdominal. Tira, de forma alternativa, de cada una de tus rodillas hacia el cuerpo (sin apoyar en el suelo en el intervalo intermedio) y estira la otra pierna hacia adelante, en dirección al suelo. Comienza siempre con movimientos pequeños. Si te encuentras en completa forma, puedes estirar por completo la pierna de abajo. Repite el ejercicio de 10 a 15 veces.

3 *Crunch* en diagonal

Es un ejercicio de gran intensidad que te hará poner en juego la musculatura abdominal, lo que resulta muy beneficioso para conformar la cintura. Una vez tumbada, eleva un poco el torso y haz que se toquen de forma alternativa la parte interior de la mano con la del pie del lado opuesto, mientras tanto estira el pie y la mano libres, el pie hacia delante y la mano hacia atrás. Repite el ejercicio de 10 a 15 veces.

CONSEJO 15

La forma adecuada de pisar el acelerador por la tarde

APROVECHA EL ALTO RENDIMIENTO FÍSICO: ¿deseas conseguir una figura esbelta? ¿Te gustaría disponer de unos músculos bien conformados? ¿Quieres dejar atrás un día repleto de estrés? En esos casos lo mejor que puedes hacer es aprovechar la predisposición natural de tu cuerpo y explotarla de forma adecuada. Después de cada entrenamiento, tu metabolismo se mueve a toda marcha y puede utilizar de la mejor manera posible la merecida cena que reciba.

PLENA DE ENERGÍA ANTES DE CENAR

Los biorritmos están organizados de tal forma en la mayoría de las personas que es a partir de la tarde cuando existen las mejores condiciones para soportar los esfuerzos más intensos. Después del mediodía y a principios de la tarde, las baterías de tu metabolismo están en plena capacidad de utilización. Esto se puede aplicar sobre todo para el entrenamiento de musculación, que debe ser alimentado con hidratos de carbono que, con toda seguridad, habrás ingerido durante el día. De esa forma, las horas de la tarde están predestinadas para el entrenamiento de estructuración muscular o también para uno de resistencia algo más fatigoso.

Lo mejor es que calcules el tiempo de tus ejercicios para cenar poco después. Eso tiene la ventaja de que tu metabolismo estará muy bien preparado para absorber la energía procedente de los alimentos. Se repondrán tus depósitos energéticos y estarás en disposición de proceder a los trabajos de recuperación y reparación de la musculatura.

› Dicho en otras palabras: la **energía** se aprovechará de forma razonable y no se acumulará como excedente en las células de grasa.

› Resulta **muy oportuno** que acentúes por las tardes el **consumo de proteínas** y de esa forma el organismo tendrá a su disposición esa noche bastantes materiales de construcción que le son necesarios para la estructuración muscular nocturna.

CONSEJO 16

Más potencia con el *crosstraining*

LOS GIMNASIOS MODERNOS ofrecen un arsenal muy completo de aparatos para el entrenamiento de resistencia: máquinas para hacer *step*, entrenador elíptico, cinta de correr o ergómetro; cada uno de ellos ofrece unas ventajas especiales. Utiliza toda la oferta y practica el *crosstraining* o entrenamiento cruzado haciendo un cambio entre varios aparatos en lugar de servirte de uno solo durante todo el tiempo. Con el *crosstraining* aprovecharás las ventajas de cada uno de los equipos y conseguirás que tu entrenamiento sea más variado y divertido.

EL PROGRAMA COMPLETO **PARA TODOS LOS MÚSCULOS**

El entrenamiento de resistencia o el cardio ponen en funcionamiento los grandes grupos musculares y activa de forma controlada durante un largo espacio de tiempo (al menos 20 minutos) el sistema cardiocirculatorio. Según el aparato que se utilice, será uno u otro el grupo muscular que trabaje en primer plano. Todo ese proceso tiene un efecto beneficioso para la figura, pues los músculos entrenados resultan más esbeltos y mejor conformados. Por ejemplo, si después de un largo día de trabajo en la oficina limitas tu entrenamiento al aparato de resistencia que constituye el ergómetro de bicicleta, no deberás sorprenderte que no te puedas poner erguida; la causa está en que los músculos de los hombros y los brazos no se habrán estirado ya que, al fin y al cabo, los únicos que sufren la exigencia del esfuerzo serán los de las piernas. Es mucho más efectivo un *crosstrainer* en el que, en lugar de estar sentada, te entrenarás en una postura erguida y conseguirás que también se activen los músculos del torso.

› **Resumen:** lo mejor es que repartas tu cardioentrenamiento entre varios aparatos y combines, en la medida que lo permita la oferta de aparatos, los que te resulten más adecuados. Eso supondrá un efecto dinámico y armonioso para tus prácticas.

Beneficios especiales de los cardioaparatos

	MÚSCULOS ENTRENADOS	VENTAJA ESPECIAL	TENER ESPECIALMENTE EN CUENTA
Ergómetro de bicicleta	Sobre todo la musculatura de las piernas, en especial la de los muslos.	Si se está de pie mucho tiempo durante el día. Muy útil para las articulaciones.	Regula el manillar para estar erguida mientras te mantienes sentada.
Máquina de hacer *step*	Musculatura total de piernas, caderas y glúteos.	Tensa las piernas y el trasero.	Mantiene erguido el torso; da unos pasos largos de una amplitud similar.
Cinta de correr	Musculatura total de piernas, caderas y glúteos; también los músculos dorsales inferiores.	Simula el *walking* natural o el *jogging*; consumo de calorías muy alto.	Exige una fase de habituación; practica en primer lugar la técnica del movimiento andando.
Crosstrainer	Casi todos los grupos musculares del cuerpo.	Es un todoterreno óptimo con una carga muscular armoniosa.	No subraya demasiado el uso de los brazos, por lo que puede haber peligro de contracturas en la zona de los hombros y la nuca.
Aparato de remo	Casi todos los grupos musculares del cuerpo, acentúa en especial la musculatura de brazos, espalda y hombros.	Muy adecuado para quienes deseen vigorizar la parte superior del cuerpo.	Se trata de una técnica de ejercicios muy esmerada que obliga a mantener recta la espalda.
***Climber* (aparato de escalada)**	Entrena todos los grupos musculares del cuerpo.	Es óptimo para la postura y la espalda, debido a que el patrón del movimiento se desarrolla en sentido diagonal.	Auténticamente fatigoso. Mantén relajadas las zonas de los hombros y la nuca, pues existe peligro de contracturas.

› Si estás mucho tiempo sentada, puedes, por ejemplo, practicar 10 minutos de banda de correr, otro tanto de *crosstrainer* y, por último, lo mismo de ergómetro de bicicleta.

› Si tu actividad laboral te exige estar de pie, lo más adecuado es una combinación de ergómetro de bicicleta, cinta de correr y ergómetro de remo.

CONSEJO 17

Comprar con astucia y evitar las bombas calóricas

CON EL DEPORTE NO ES SUFICIENTE, para mantenerse en la mejor forma el cuerpo necesita energía y numerosos materiales de construcción y soporte. Una comida saludable y variada es algo fundamental. El primer paso para conseguirla es comprar los alimentos adecuados y en la cantidad adecuada. Lo que coloquemos en el carrito de la compra es lo que decidimos que al final se encuentre en nuestro estómago.

LOS SUPERMERCADOS **QUIEREN LO MEJOR DE NOSOTROS...**

... es decir, nuestro dinero. Una iluminación agradable, música suave y el seductor aroma de la pastelería recién preparada: todo eso nos incita a prolongar nuestra estancia en el establecimiento. Si acostumbras a caminar con calma entre los pasillos, comprarás bastantes más cosas que si eliges el camino más corto para llegar a las cajas. En cada departamento, las ofertas están preparadas con la más taimada psicología de ventas. La fruta y la verdura expuestas en la entrada deben trasmitirte una sensación de «frescura». Existen lámparas especiales para iluminar los expositores de carne de forma que incluso las piezas más mediocres ofrezcan un aspecto fresco. Están, sobre todo, las ofertas de promociones que sirven para frenar nuestro ritmo de compra. Si te mueves alrededor de ellas, acabarás por comprarlas sin querer. También es frecuente que esos enormes pasillos nos obliguen a pasar por delante de estanterías con productos muy poco interesantes en los que, a pesar de todo, la estrategia acaba por funcionar: compramos lo que no necesitamos.

› **Resumen:** no te dejes seducir y evita caer en las compras compulsivas, tan perjudiciales para tu figura; selecciona, por el contrario, lo que más necesitas para desarrollar un estilo de vida saludable. No permitas que aparezca un solo engordador en tu carrito de la compra.

Mantén los ojos abiertos en el supermercado

¿Qué necesito de verdad?

Para burlar a los estrategas de ventas del supermercado, lo que puedes hacer es pensar con mucha calma lo que quieres comer en los próximos días. Puede que suene algo burocrático, pero la mejor protección contra las bombas de calorías y las compras equivocadas por su pobreza en nutrientes es llevar contigo una lista de la compra muy bien pensada y no desviarte nada de ella.

Sencillo y bueno

Elige alimentos que no sean objeto de una publicidad estruendosa. En principio se puede comer muy bien con productos alimenticios básicos, como pueden ser las legumbres, los productos integrales, los huevos, el pescado, las aves, la leche, la verdura y la fruta fresca.

Leer las etiquetas

En los productos más complejos debes leer las listas de ingredientes y comparar el valor nutritivo. No te dejes impresionar por unos nombres fantásticos: en cada paquete debe figurar una identificación objetiva, la llamada «denominación de venta». La lista de ingredientes también puede romper el hechizo que irradia un producto determinado. En primer lugar deben constar los que más intervienen en el alimento; casi siempre se trata de grasa o azúcar.

Reconocer las bombas calóricas

Aunque entre los datos no suele figurar a primera vista, no dudes de que merece la pena estudiar un poco el valor nutricional de los alimentos. Si no aparece, ten por seguro que, a pesar de todo lo que diga la propaganda sobre la exquisitez de su consumo, se trata de algo con pocos beneficios para la salud... y muchas calorías.

CONSEJO 18

Correr es una forma óptima de quemar grasas

NO EXISTE NINGÚN OTRO DEPORTE DE RESISTENCIA que estimule el metabolismo de forma más eficaz: se trata de correr. Practicar *jogging* es, además, el método más efectivo de ponerse en forma. Sin embargo, es frecuente que ponerse a correr resulte demasiado fatigoso para los principiantes, y eso obliga a planificar con todo cuidado el entrenamiento a fin de que no aparezca la frustración o un exceso de exigencia física. Selecciona, pues, un comienzo suave para el entrenamiento de correr y alégrate con tus logros más persistentes.

UN 20 POR CIENTO **MÁS DE CONSUMO DE ENERGÍA**

Se puede mirar como se quiera, pero el deporte de resistencia más natural y efectivo es el de correr. Las investigaciones han mostrado que con él se consigue la mayor asimilación de oxígeno en los músculos y que el consumo de calorías es también muy elevado. Para llegar a esas conclusiones se han utilizado métodos espiroergométricos para calcular la absorción de oxígeno y el metabolismo energético: para un mismo esfuerzo, las carreras consumen un 20 por ciento más de energía que el ciclismo, la bicicleta de montaña o el patinaje en línea. Esta ventaja es aún mayor si se compara con la marcha nórdica, a pesar de que esta última sirve para poner en juego los músculos de la parte superior del cuerpo. Las carreras exigen de forma muy especial al metabolismo. Los científicos deportivos también atribuyen a la fase de impulso en las carreras un efecto de moldeado y absorción del peso corporal.

› **Sin embargo:** las fases de impulso provocan también que la fuerza de los pies al golpear en el suelo produzca un efecto negativo en las articulaciones, y eso supone algo así como el doble o el triple del peso corporal. Por eso, la práctica de correr está contraindicada en personas con las articulaciones dañadas de antemano o las que padecen un marcado sobrepeso (IMC superior a 28).

Correr con un plan inicial de cuatro semanas

Si alguien no puede correr demasiado de un tirón sin perder la respiración, la mejor forma de comenzar a practicar la carrera es servirse de un entrenamiento por intervalos en el que se alternen las fases de andar y correr. La tabla siguiente muestra un ejemplo para un plan inicial de cuatro semanas.

- **Después de la cuarta semana** puedes incrementar de forma continuada los minutos que dedicas a las carreras.
- **Más tarde** puedes aumentar la longitud del recorrido y, después, la velocidad de la carrera.

PLAN DE CUATRO SEMANAS PARA INICIARSE EN LAS CARRERAS					
Semana 1	3 minutos calentar, andar	3 minutos correr	3 minutos andar / marchar	3 minutos correr	3 minutos enfriar, andar
Semana 2	3 minutos calentar, andar	4 minutos correr	2 minutos andar / marchar	4 minutos correr	3 minutos enfriar, andar
Semana 3	3 minutos calentar, andar	5 minutos correr	1 minuto andar / marchar	5 minutos correr	3 minutos enfriar, andar
Semana 4	3 minutos calentar, andar	12 minutos correr	3 minutos enfriar / andar		

Simplemente, hazlo: engaña a tu falta de voluntad interior

¿QUIÉN NO CONOCE ESA ABULIA que llevas dentro y te quiere mantener alejada de tus buenos propósitos de conseguir una figura esbelta? Casi siempre resulta injusto que, después de habernos pasado de la raya al comer o si hace mucho que no practicamos ejercicio, el resultado sea un equilibrio inestable entre la holgazanería y el gusto por la actividad. Eso se puede superar con algunos trucos.

UN PROGRAMA QUE VIENE DE TIEMPOS REMOTOS

Cuanto más te exige la familia y el trabajo, mayor es tu deseo de tomar comidas ricas en calorías y menor tu apetencia por la práctica de actividades deportivas. Después de todo, en tu actividad normal haces un montón de cosas a lo largo de día, aunque por desgracia no hagas nada en favor de tu figura.

En lo fundamental, esa falta de voluntad que llevas dentro no es mala contigo: lo único que desea, al fin y al cabo, es impedir que «derroches» demasiada energía y, por añadidura, invitarte a consumir comidas apetitosas y bebidas energéticas para almacenar suministros para tiempos de escasez. Esa estrategia de «hucha para ahorrar» ya no se ajusta a nuestro estilo de vida actual y a la larga nos puede provocar enfermedades, así que lo mejor que puedes hacer es encargarte tú misma de llevar el control y el mando de las operaciones.

› **Resumen:** no dejes nunca de lado la posibilidad, justo en el momento en que te sientas agotada y con estrés, de practicar ejercicio de nuevo, de esa forma te surgirán nuevas ideas y te supondrá una maravillosa sensación una vez que hayas hecho el esfuerzo.

Estrategias para personas cerebrales

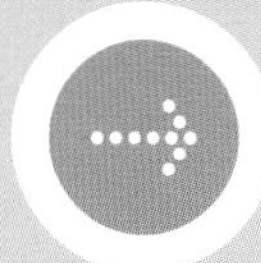

Prepara por escrito tu plan de entrenamiento y no pases de él en ningún momento. Apunta las citas en tu calendario y sé consecuente con ellas.

Plantéate unos objetivos muy claros y controla el progreso del entrenamiento con tests periódicos.

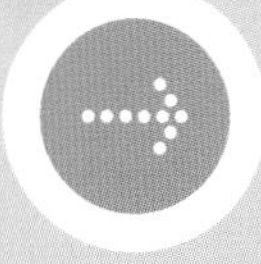

Ten preparado en todo momento tu equipamiento deportivo, de esa forma no habrá posibilidades de que se produzcan demasiadas discusiones en tu fuero interno.

Estrategias para personas emocionales

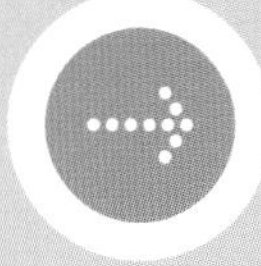

Genera las condiciones previas óptimas para tu entrenamiento: deberás encontrarte cómoda con tu ropa de deporte y sentirte en armonía con el espacio y el entorno que te rodean.

Las aficionadas a la música pueden sentir una motivación especial con unos ritmos atractivos. Lo mejor que puedes hacer es cargar el reproductor MP3 con tu música favorita.

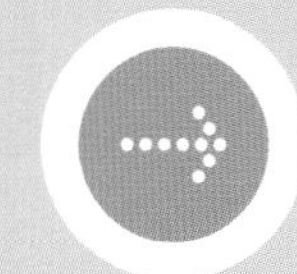

Te puede servir de gran ayuda vincularte con gente afín que te ofrezca su apoyo pasivo en forma de elogios, aliento anímico y consejos.

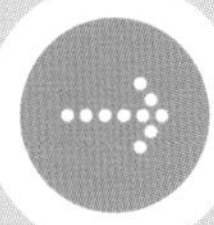

Encuentra compañeros activos con los que tengas la posibilidad de entrenar un día fijo de la semana, eso incrementará en ocasiones la intensidad de la motivación.

Albúmina para saciarse y estructurar más musculatura

NO HAY MÚSCULOS NUEVOS SIN PROTEÍNA. ¿Practicas deporte para perder algo de peso? Entonces debes moderarte con la comida y atenerte al programa de tomar pocos tentempiés dulces, pocas calorías y pocas grasas. No obstante, si quieres aumentar musculatura, lo mejor es que no ahorres en albúmina, que es imprescindible para la estructuración muscular. Además, una ración de la valiosa albúmina ayuda a los aficionados al *fitness* a sentirse saciados. Con un batido de proteína te defenderás a la perfección de los accesos de hambre entre horas.

LA PROTEÍNA, EL MATERIAL DE CONSTRUCCIÓN DE LA FUERZA

Si pierdes algunos kilos, siempre estarás expuesta al peligro de que, en lugar de grasa, tu cuerpo elimine la valiosa masa muscular. Para evitarlo hay que suministrarle una buena oferta de alimentos ricos en albúmina, como el pescado o los productos lácteos. Para practicar un entrenamiento de estructuración muscular, los investigadores norteamericanos recomiendan ingerir al día entre 15 y 20 g de proteína como suplemento alimenticio; de esa forma se restituye la albúmina consumida y se estructuran además las fibras musculares. Esta cantidad de proteína se puede incluir en una bebida muy sabrosa y agradable.

› **Sin embargo,** se equivoca quien piense que con un gran abastecimiento de albúmina le va a resultar muy cómodo conseguir más músculos. Sin tener en cuenta lo que recibe, el cuerpo acaba por servirse solo de lo que necesita de verdad, el resto le estorba.

Buenas contra el hambre repentina y para estructurar la musculatura: bebidas de proteínas.

Batido de proteína con vainilla

1 ración contiene:
12 g de proteínas | 1 g de grasas |
10 g de carbohidratos | 2,5 g de fibra |
101 de kcal | 457 de kJ

Ingredientes para 2 raciones

500 ml de suero de leche
20 g de harina de soja desgrasada
1 pizca de vainilla molida (o extracto de vainilla)
Azúcar o edulcorante

Echar en una batidora el suero, la soja y la vainilla y batir hasta que espume. Endulzar al gusto. Para llevarla en un viaje, ponerla en un frasco y agitar bien antes de tomarla.

TAMBIÉN RESULTA EXQUISITO:
Para un delicado sabor a caramelo e incorporar algunos minerales, se le puede agregar 1 o 2 cucharaditas de sirope de remolacha azucarera.

Batido lacteado de frambuesas

1 ración contiene:
6 g de proteínas | 1 g de grasas |
14 g de carbohidratos | 4,5 g de fibra |
105 de kcal | 439 de kJ

Ingredientes para 3 raciones

500 ml de suero de leche
200 g de frambuesas
2 cucharadas de leche en polvo
Azúcar o edulcorante

Batir todos los ingredientes el tiempo necesario para conseguir una mezcla en la que la fruta quede triturada. Endulzar al gusto.

Mejorar la resistencia en un espacio reducido y sin servirse de aparatos

EL TIEMPO u otras condiciones te podrán parecer desfavorables, ¡pero siempre hay que tratar de quemar calorías! Aunque no quieras, o puedas, salir a entrenarte al exterior y no tengas en casa ningún aparato especial, como pudiera ser una cinta de correr o un ergómetro, incluso a pesar de que dispongas de muy poco sitio libre en tu domicilio. Camina durante unos minutos sin necesidad de moverte del sitio y/o boxea a base de «hacer sombra».

YA NO HAY **PRETEXTOS**

Demasiado calor, demasiado frío o demasiada humedad: el tiempo es, con toda seguridad, la contrariedad de que te sirves con más frecuencia para excusar tus prácticas de entrenamiento de resistencia. Pero a tu metabolismo le resulta indiferente la forma en que lo actives: lo importante es que lo avives de forma periódica. Para eso resulta muy adecuado el entrenamiento de andar sin moverte del sitio (*marching*) o el boxear «haciendo sombra», es decir, sin oponente (*punching*).
Además, sirven muy bien para eliminar el estrés. Preocúpate, sin embargo, de no moverte demasiado de prisa, sino de estructurar tu actividad al estilo de un bien dosificado entrenamiento de resistencia.

› **Considéralo de forma muy pragmática:** entrenar con el *marching* supone los mismos efectos fisiológicos que practicar la marcha al aire libre. En cambio, hacer sombra tiene muy poco que ver con el boxeo real. En el *punching* se activa y tensa la musculatura de la parte superior del cuerpo sin necesidad de aplicar ni recibir golpes. Así podrás entrenar tu *fitness* en todas partes y en cualquier momento.

Marching

De acuerdo con el tipo en el que te agrupes, te corresponderá alguna de las siguientes propuestas. Camina con pleno dinamismo sin moverte del sitio y acompaña tus movimientos con un marcado uso de los brazos. Con tus pasos exigirás su parte a los músculos de las piernas, las caderas y los glúteos. Cuanto más intensa sea tu práctica del *marching* y con mayor vigor utilices los brazos, más te subirá el pulso y, en consecuencia, más elevado será tu consumo de calorías.

› **En busca de la motivación:** siempre que te sea posible, sírvete de la ayuda de tu música favorita más marchosa.

Punching

El boxeo de «hacer sombra» es un ejercicio que pone la frecuencia del pulso al trote. Mantente siempre en movimiento dando pequeños pasos. Mantén la estabilidad del tronco y la cintura escapular y lanza unos explosivos *punchs* con la derecha y la izquierda de forma alternativa.

› **En busca de la motivación:** figúrate que tienes delante a alguien al que no puedes soportar.

El programa de los 15 minutos

Los ejercicios de *marching* y *punching* se pueden combinar muy bien: 3 minutos de marcha y 2 de boxeo, otra vez 3 minutos de marcha y 2 de boxeo y luego 3 minutos de marcha para terminar con 2 minutos de estiramientos *indoor* (ver los ejercicios del Consejo 8).

Entrenar por intuición

CUANTO MÁS CONSCIENTE Y REGULAR sea tu entrenamiento, mejor se desarrollará tu percepción del esfuerzo. Escucha a tu propio cuerpo y ten en cuenta las señales que emite. Con buenas sensaciones corporales encontrarás siempre la dosificación individual que precisas. Así reconocerás a tiempo tus fluctuaciones que, por otra parte, son muy normales y podrás, de forma intuitiva, bajar una marcha o bien, si se puede, darle a tope al acelerador. Además, esa sensación, bien preparada, te ayudará a mantener una resistencia que podrás aplicar tanto al deporte como a tu actividad cotidiana para evitar la fatiga excesiva y apuntarte en consecuencia una serie de puntos positivos para tu salud y bienestar.

NO IGNORAR LA FORMA FÍSICA **DE CADA DÍA**

La forma conseguida en el entrenamiento no tiene por qué ser siempre la misma: en distintas horas del día puedes percibir que existen fluctuaciones en tu rendimiento. Un día laboral cargado de estrés también tiene sus consecuencias. Para el estado de tu entrenamiento existe una gran diferencia entre el hecho de que te muestres activa con regularidad o solo lo hagas de forma esporádica. En consecuencia, lo que es demasiada sobrecarga para un día, puede ser adecuado para la siguiente jornada de entrenamiento.

› **Resumen:** para que el deporte siempre te resulte provechoso, además de divertido, nunca deberás actuar como si fueras un «mecanismo de relojería», sino que tienes que ajustar tu actividad a tus sensaciones actuales. Ante todo debes regular tu esfuerzo, moderar su intensidad y adecuar la velocidad al correr o hacer marcha. Intenta respetar el tiempo que tienes previsto para entrenar y redúcelo tan solo en casos excepcionales.

Educa tu propia percepción del esfuerzo

La sensación intuitiva de la intensidad que necesitas para tu esfuerzo actual es algo que puedes entrenar. Lo más adecuado es ajustarla con la denominada «escala de Borg».

Así funciona

Ajusta repetidas veces tu esfuerzo a un grado de la escala. Según los objetivos de tu entrenamiento, podrás clasificarte en los siguientes campos:

- 11: entrenamiento relajado de resistencia, bastante adecuado para compensar el estrés.
- 13: entrenamiento de resistencia con gran consumo de calorías; entrenamiento suave de musculación.
- 15: entrenamiento intensivo de resistencia (por ejemplo, entrenamiento por intervalos); entrenamiento intensivo de musculación.
- 17: solo adecuado para personas jóvenes muy bien entrenadas.

Al poco tiempo ya serás capaz de evaluarlo en cualquier momento sin tener que echar mano de esta escala.

En buena forma con los cursos deportivos

POSTES INDICADORES COLOCADOS EN LA JUNGLA DE LOS CURSOS. ¿Eres de las que prefieres hacer ejercicio junto a personas afines a ti o te inclinas por el trabajo individual? ¿Existen tantos cursos, cada vez con nuevas tendencias y variantes, que el tratar de decidirte ya te hace sentir abrumada? Lo mejor en tal caso es que te lances sobre lo más clásico y acreditado, puesto que si ha sobrevivido a todas las modas será por algo. Piensa en tu elección: si quieres poner en forma todo tu cuerpo sírvete, por ejemplo, del pilates; si, en cambio, te decides por el *spinning* (bicicleta estática al ritmo de la música) aportarás más tensión a tus piernas.

¿QUÉ CURSO Y PARA QUIÉN?

Las encuestas actuales acerca de los gimnasios de *fitness* lo han dejado bien claro: más de la mitad de los que participan en ellos encuentran que sus cursos son muy importantes y los utilizan con regularidad. Frente al entrenamiento individual, esos cursos en colectivos brindan el sentido de grupo, que resulta fundamental y motivador para muchas personas. Cada uno de los cursos cuenta con unas ventajas específicas que puedes consultar en la tabla que sigue para servirte de guía.

CURSO	CONSUMO DE CALORÍAS	FUERZA	FUERZA-RESISTENCIA	AGILIDAD	RESISTENCIA	COORDINACIÓN	RAPIDEZ
Step-Aeróbic	●●●●	●○	●●●● (Piernas)	●●○	●●●●●	●●●○	●
Pilates	●●	●●●	●●●○	●●●●○	●	●●●	●
Body workout	●●	●●●	●●●○	●●●○	●●	●●	●
Power Yoga	●●	●●	●●○	●●●●●	●	●●○	●
Ritmos latinos	●●●●	●○	●●●○ (Piernas)	●●○	●●●●○	●●●●○	●●
Curso de pesas	●●●	●●●	●●●●●	●●	●	●●	●
Spinning	●●●○	●●● (Piernas)	●●●●● (Piernas)	●○	●●●●●	●●	●○

Lo que te ofrecen los distintos tipos de cursos de deportes

Step-Aeróbic

Ejercicios sobre *steps* de altura regulable para tensar la musculatura de las piernas, las caderas y los glúteos. El foco central se sitúa sobre todo en la mejora de la resistencia y la coordinación en combinación con elementos vigorizantes.

Pilates

Entrenamiento muscular muy concentrado y efectivo con un concepto muy equilibrado de ejercicios de estiramiento y fortalecimiento para todo el cuerpo, con énfasis especial en la región dorsal y abdominal.

Body workout

Entrenamiento intensivo y general del cuerpo, casi siempre con aparatos como tubos de resistencia o mancuernas: el objetivo es el fortalecimiento y la conformación de la musculatura general.

Power yoga

Ejercicios clásicos de yoga que van asociados a una armoniosa evolución de los movimientos y tensan toda la musculatura.

Ritmos latinos

Entrenamiento de resistencia asociado a bailes de ritmo sudamericano que sirven sobre todo para estructurar las piernas: también se entrena la coordinación y el sentido del movimiento.

Curso de pesas

La parte principal del curso se desarrolla con ejercicios de pesas de barra larga. Se centra en un intenso fortalecimiento y estructuración de la parte superior del cuerpo.

Spinning

Rápidos *sprints* ciclistas, sin moverse del sitio, según las órdenes de un entrenador: la variedad de la bicicleta en su recorrido virtual favorece sobre todo la resistencia y la tensión de las piernas.

Recompensarse a uno mismo una y otra vez

TE HAS ESFORZADO para hacer algo a favor de tu figura. Incluso aunque puedas opinar que «no ha sido absolutamente nada», debes valorar tus primeros pasos y recompensarte por ellos. ¡Por fin te has impuesto a la pereza! Permítete algún regalo bonito que te satisfaga de forma especial. Te servirá de motivación para mantenerte activa y celebrarás aún más tus logros personales.

SER CONSCIENTE **DE LOS ÉXITOS**

Las mujeres que quieren hacer algo con respecto a su figura suelen tratarse a sí mismas con gran severidad. En lugar de alegrarse de sus primeros pasos y de los resultados que han conseguido y sentirse orgullosas de ellos, lanzan su mirada más allá, hacia lo que aún les queda por hacer. Y esa actitud puede provocar que todo fracase.

Éstos son los resultados que puedes sentir y medir al cabo de poco tiempo de entrenamiento:

- Tu pulso en reposo ha disminuido por efecto de un músculo cardíaco mejor entrenado.
- Ha aumentado la combustión de las grasas debido al entrenamiento intensivo; por esa razón se han podido vaciar mejor tus depósitos de grasa.
- Se ha incrementado tu proporción muscular y por eso consumes más energía, tanto en reposo como durante todo el día.
- Ha disminuido tu perímetro abdominal, así como los indeseados michelines en las partes menos oportunas.
- Se han generado unos músculos tensos y armoniosos que te mantienen erguida, conforman tu silueta y destacan de forma atractiva el aspecto de tu cuerpo.

Todos esos efectos se pueden medir de forma progresiva y son la prueba de que has trabajado con intensidad. Debes festejarlo de forma adecuada, y no solo una vez que hayas conseguido tu objetivo final, sino también por los pequeños pasos intermedios.

También hay más cosas

Ropa de deporte

No hay nada mejor que salir a comprar ropa deportiva elegante y cómoda. Sobre todo si la anterior te sienta mal porque has adelgazado. Se entiende que también es una gran recompensa conseguir ropa nueva para ir a la oficina o para todos los días.

Un fin de semana de *wellness*

Puedes mimarte, a ti misma y a tu cuerpo, con una sesión de *wellness* y regalarte un tiempo en un ambiente agradable. De esa forma disfrutarás de las reacciones que te transmite tu cuerpo después de estar entrenado.

Cosméticos

Cómprate productos de calidad para el cuidado del cuerpo y permítete con toda tranquilidad el lujo de obsequiarte con algo extra, aunque te parezca demasiado caro.

Masaje

Recibir un masaje después del entrenamiento es una práctica muy beneficiosa. De esa forma les darás a tus músculos una merecida recompensa y tú misma te encontrarás agradablemente relajada y fresca.

Delgada y en forma más de prisa con la frecuencia individual de pulso

AL ENTRENARTE MERECES CONSEGUIR EL MÁXIMO EFECTO para tu figura y tu *fitness*. Eso funciona mucho mejor si practicas un esfuerzo hecho a medida en lugar de seguir un programa de entrenamiento normal y corriente. Es imprescindible que el entrenamiento cuente con un control del pulso. Sin embargo, aquí no funciona la receta aproximada de «180 menos la edad en años», debes evaluar por ti misma tu pulso personal de entrenamiento.

PULSO DE ENTRENAMIENTO DE RESISTENCIA: **UN VALOR INDIVIDUAL**

Las recomendaciones de entrenamiento profesionales se encargan de reactivar el metabolismo sin que el organismo resulte forzado en exceso. Las diferencias entre unas personas y otras hacen que tal proceso sea muy variado. Además de la edad, también juegan un papel importante tanto la frecuencia del entrenamiento como el pulso en reposo, cuyo valor debes tomarte por las mañanas antes de levantarte y que constituye, en cierto modo, el «valor inicial» al que hay que añadir la actividad física para conseguir el pulso de deporte. El número de latidos que se agregue al de tu pulso en reposo depende de dos aspectos:

- Por un lado, la edad biológica es un factor determinante. Cuantos más años se tienen, menor es la máxima frecuencia de pulso que se puede alcanzar y, en consecuencia, menos latidos se añadirán al pulso en reposo.
- Por otro lado, la **frecuencia del entrenamiento** también es decisiva para conocer tu resistencia. Está claro que te podrás permitir mayores esfuerzos si eres una persona entrenada que si no pasas de principiante; en este último caso, tardarás muy poco en sentirte agobiada y sobrecargada.

Tres pasos para medir tu pulso individual de entrenamiento

■ Paso 1 **Evaluar el pulso en reposo**
Por la mañana, aún en la cama, tómate el pulso durante tres días seguidos. Para ello coloca los tres dedos centrales en la parte interior del brazo, por debajo de la articulación de la muñeca. Cuenta las pulsaciones que registras en 60 segundos. El valor medio de las tres medidas lo puedes considerar como la cifra de tu pulso en reposo.

■ Paso 2 **Seleccionar la tabla**
Elige la duración del entrenamiento a la semana durante la que practicas y selecciona, en consecuencia, la tabla adecuada.

■ Paso 3 **Lee tu frecuencia de pulso**
Ahora tus datos de edad y pulso en reposo (redondeados hacia arriba o hacia abajo) te permitirán establecer la frecuencia de pulso de entrenamiento que te corresponde. Por ejemplo: el que corre durante 90 minutos a la semana se puede considerar que practica un entrenamiento moderado. Si tiene cuarenta y cuatro años y su pulso en reposo es de 62 latidos por minuto, su frecuencia de pulso de entrenamiento es de 138, cuya cifra debe tomar como estimativa para el pulso de carrera. Si el individuo en cuestión practica marcha nórdica, patinaje en línea o *crosstrainer*, podrá restar 5 latidos a la cifra del pulso de carrera, y ese decremento puede ser de 10 pulsaciones si hace marcha, ciclismo, remo o natación.

MENOS DE 1 HORA DE ENTRENAMIENTO DE RESISTENCIA					
Pulso en reposo	**20 años**	**30 años**	**40 años**	**50 años**	**60 años**
50	135	131	127	123	119
60	140	136	132	127	123
70	144	140	136	132	128
80	149	145	141	136	132
DE 1 A 2 HORAS DE ENTRENAMIENTO DE RESISTENCIA					
Pulso en reposo	**20 años**	**30 años**	**40 años**	**50 años**	**60 años**
50	143	139	134	130	125
60	147	143	138	134	129
70	151	147	142	138	133
80	155	151	146	142	137
DE 2 A 4 HORAS DE ENTRENAMIENTO DE RESISTENCIA					
Pulso en reposo	**20 años**	**30 años**	**40 años**	**50 años**	**60 años**
50	151	146	141	136	131
60	154	149	145	140	135
70	158	153	148	143	138
80	161	156	152	147	142

Utilizar muchas fuentes de proteína para conseguir una recuperación óptima después del deporte

CÉLULAS MUSCULARES NUEVAS, UN CUERPO MÁS ESBELTO, el pelo y la piel mucho más bonitos; el cuerpo precisa para todo eso de una serie de valiosas proteínas alimentarias. Los expertos en *fitness* recomiendan que, además de entrenarse, hay que consumir alimentos en los que destaquen las proteínas, y eso no supone ningún problema para las personas que comen carne. Pero la pregunta sería: ¿qué deben hacer los vegetarianos? La alimentación vegetal aporta, por término medio, muy poca cantidad de proteína. Si se combina la alimentación de una forma adecuada, se puede conseguir que se incremente su calidad.

TODO DEPENDE DE LA CALIDAD

Nuestros jugos gástricos descomponen los alimentos ricos en proteínas para extraer de ellas los materiales de construcción que necesita para los músculos, los órganos y la piel.
La calidad resulta mucho más importante que la cantidad. Lo ideal para nuestro cuerpo es disponer de una fuente de albúmina a partir de cuyos componentes (aminoácidos) pueda estructurar gran cantidad de su propia albúmina endógena. En el ámbito profesional se habla de la «valencia biológica» y en función de ese valor vienen clasificadas cada una de las distintas fuentes de proteína. Como elemento de referencia se utiliza el huevo de gallina, al que se asigna una valencia biológica de 100. Se consiguen mejores valores con la combinación de diversos ingredientes. Puede parecer algo complicado, pero no dudes que al cocinar todos los días acabarás por aplicarlo de forma inconsciente: unas patatas asadas con huevos fritos tienen una valencia de 136, que es bastante más elevado que el de los huevos (100) y las patatas (99) por separado, y eso es debido a que ambos alimentos se complementan de forma óptima. Es similar la combinación de patatas con leche, productos lácteos, carne o pescado. Las judías y los guisantes constituyen una buena fuente de proteína si se mezclan con cereales. También resulta magnífica la combinación en una comida de garbanzos con soja (por ejemplo, tofu) y sésamo u otras semillas.

La combinación de proteínas ideal para todos los que comen poca, o casi ninguna, carne

Si combinas bien los alimentos en cada comida, aportarás a tu organismo una valiosa albúmina que puede sustituir sin ningún problema a la carne.

	Leche, queso, yogur y otros productos lácteos	Huevos	Pan, cereales, pasta	Maíz	Patatas	Guisantes, judías, lentejas, garbanzos	Nueces, semillas
Leche, queso, yogur y otros productos lácteos		☺	☺	☺	☺	☺	☺
Huevos			☺		☺		
Pan, cereales, pasta	☺	☺				☺	☺
Maíz	☺					☺	
Patatas	☺	☺					
Guisantes, judías, lentejas, garbanzos	☺	☺	☺	☺			☺
Nueces, semillas	☺		☺			☺	

Buscar mayor variedad con el entrenamiento de intervalos

VA A FAVOR DE LA MOTIVACIÓN Y EN CONTRA DE LA MONOTONÍA. ¿Te encuentras bastante en forma en cuanto a resistencia y te sientes preparada para nuevos desafíos? En tal caso prepara un plan de entrenamiento de intervalos que te resultará más variado e intenso. Utiliza el juego cambiante de los esfuerzos y prepárate para una nueva ofensiva.

NUEVOS ESTÍMULOS **GRACIAS AL ENTRENAMIENTO DE INTERVALOS**

Al contrario de lo que ocurre con el deporte de resistencia, que suele mantener una frecuencia constante de pulsaciones, la variedad del entrenamiento de intervalos incrementa bastante el pulso durante un corto espacio de tiempo para, a continuación volver a «echarle el guante» durante una fase menos exigente. De esa forma tus pulsaciones oscilarán alrededor de tu frecuencia del pulso de entrenamiento. Debes prestar atención de no sobrepasarla demasiado ni durante un tiempo muy prolongado: si vas acelerada, ya no tendrás suficiente con el entrenamiento de intervalos. Tu pulso se incrementará cada vez más y en total te sentirás sobrecargada en exceso.

El entrenamiento de intervalos tiene varias ventajas con respecto al método clásico de resistencia:

- Si se varía el esfuerzo con la intención determinada de procurar **nuevos estímulos a tu organismo, se optimiza el metabolismo energético** y eso hace que aumente el efecto de tu entrenamiento.
- Tu cuerpo se acostumbra de forma paulatina a los esfuerzos, **nuevos y de mayor intensidad,** y se habitúa a las circunstancias.
- Es seguro que el cambio te supondrá un **impulso para la motivación,** y que notarás de forma perceptible que los efectos del entrenamiento se han reforzado en ti.
- El entrenamiento de intervalos es beneficioso en especial para los que experimentan la **sensación de que no avanzan** en lo que se refiere al rendimiento y quieren progresar más.

Así funciona el entrenamiento de intervalos

Incluye, una vez a la semana, un entrenamiento de intervalos en tu programa de resistencia. El ejemplo que se refleja en el gráfico de esta página consiste en la estructuración de un programa de 45 minutos en el que, según tu propia voluntad, puedes servirte de la carrera, la bicicleta u otro tipo de deportes de resistencia.

Tu frecuencia individual de pulso para cada uno de los deportes de resistencia te puede dar una orientación para el entrenamiento de intervalos: incrementa o reduce el esfuerzo para que esa frecuencia se mueva de forma sistemática en un intervalo de unas 15 pulsaciones por minuto, pero sin llegar a caer en la sobrecarga.

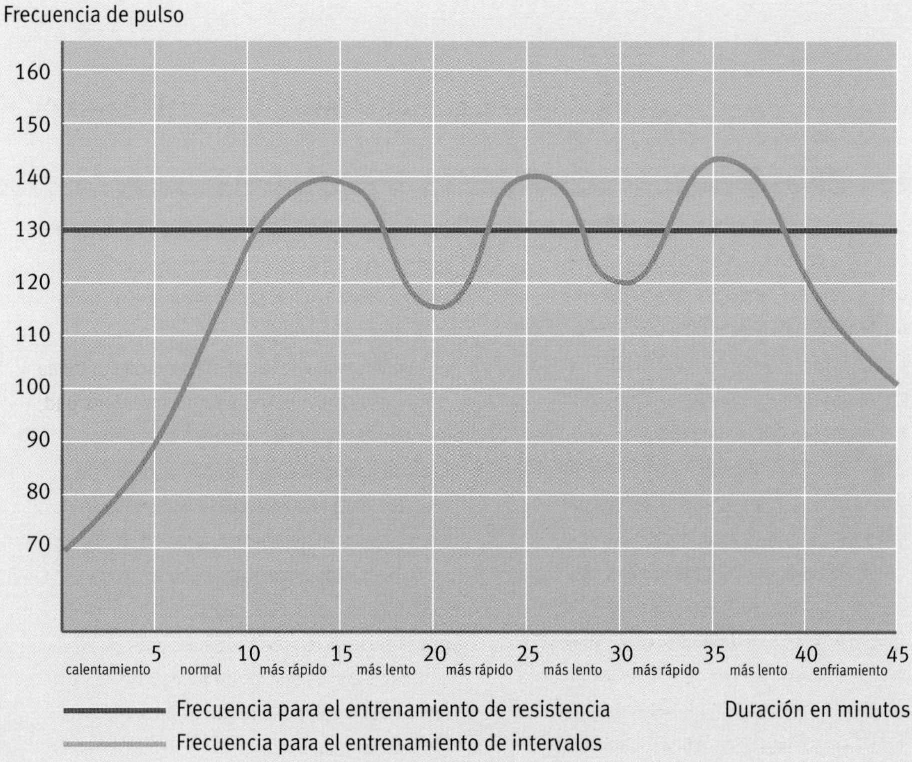

Ejemplo del comportamiento de la frecuencia de pulso en un entrenamiento de intervalos correctamente estructurado. El pulso varía dentro del ámbito óptimo sin aumentar en exceso.

28

Las provisiones adecuadas para llevar a la oficina: sanas, ligeras y sabrosas

EXISTE EL COMEDOR DE EMPRESA IDEAL. En él aparecen muchos alimentos frescos, nos ofrece unos tentempiés saludables y, sobre todo, mantiene alejadas las indeseadas calorías. Si durante la pausa para comer en el trabajo consigues ser fuerte, es señal de que tienes voluntad. Pero si comes durante mucho tiempo en el restaurante o te alimentas de tentempiés rápidos, engordarás con mucha facilidad y perderás la figura. La única alternativa viable es que te lleves la comida de casa. No se trata de una solución de emergencia, como podrás comprobar con las dos recetas que te presentamos: *dips* para vegetarianos.

NORMAS OFICIALES **DE CALIDAD**

Existen una serie de normas referidas a las directrices exigidas para disponer de una alimentación saludable en el centro de trabajo. En concreto, en Alemania (a diferencia de España) las autoridades federales y las instituciones relacionadas con la nutrición han elaborado unos estándares de calidad que deben respetar los comedores de empresa. Entre ellos se cuenta:

- Disponer de una oferta equilibrada de alimentos para la comida en la empresa al mediodía o entre horas.
- Un abastecimiento fluido de bebidas.
- La empresa debe asumir los costes de la bebida.
- Una atmósfera agradable en el comedor, pues resulta decisiva para la aceptación de la comida que se ofrezca en él.
- Trabajadores cualificados encargados de preparar y servir las comidas.
- Unos precios que permitan a los empleados aprovechar las subvenciones de la empresa.

Unas cremas sabrosas y aromáticas para la pausa del mediodía preparadas en un dip *con zanahoria, apio, colinabo o endivias.*

Crema al *curry* con nueces

1 ración contiene:
9 g de proteínas | 17 g de grasas | 17 g de carbohidratos | 6 g de fibra | 268 de kcal | 1122 de kJ

Ingredientes para 2 raciones

250 g de judías blancas (de bote)
100 ml de caldo de verdura
1 cucharada de aceite de germen de trigo
Nata fresca
2 cucharadas de nueces
Sal
1 cucharadita de *curry* en polvo

1 Echar las judías, el caldo, el aceite y la crema en un recipiente alto. Triturar muy fino con la batidora hasta formar un puré.
2 Picar las nueces e incorporarlas al puré anterior. Sazonar al gusto con sal y *curry*.

Crema de zanahorias al *wasabi*

1 ración contiene:
5 g de proteínas | 2 g de grasas | 14 g de carbohidratos | 8,5 g de fibra | 102 de kcal | 428 de kJ

Ingredientes para 3 raciones

400 g de zanahorias
150 ml de caldo de verdura
¼ o ½ cucharadita rasa de harina de guar (en comercios de productos dietéticos)
100 g de yogur desnatado
2 cucharadas de germen de trigo
1-2 cucharaditas de *wasabi*
Jugo de ½ lima
Sal, pimienta

1 Pelar las zanahorias, cortarlas en trozos pequeños y ponerlas a cocer con el caldo de 15 a 20 minutos.
2 Dejar que se enfríe un poco el caldo, agregar la harina, el yogur y el germen de trigo. Batirlo y preparar un puré muy fino.
3 Sazonar abundantemente con el *wasabi*, el zumo de lima, la sal y la pimienta.

Estos *dips* se pueden conservar en la nevera durante dos o tres días.

¡Atención al grado de alcoholemia! Ni un solo trago

DEBES MANTENER EL SEMÁFORO EN ROJO ANTE CUALQUIER TIPO DE ALCOHOL. Está claro que, en ocasiones, el vino tinto puede resultar una bebida saludable y que no se debe considerar como alcohólico al que se tome una copa con la comida. Las pequeñas cantidades pueden, incluso, servir casi como medicina. No obstante, hay que tener precaución: ¿te resulta complicado dejarlo a tiempo? ¿Es posible que te hayas bebido media botella? En tales casos piensa que ha llegado la hora de beber menos. Tu figura te lo agradecerá.

ALCOHOL: EN EL EXCESO NO HAY PLACER

Con el alcohol ocurre lo mismo que con el resto de los estimulantes: el peligro está en la dosis. Una copa puede aportar ventajas, dos son suficientes y la tercera acaba por depositarse en el hígado y en las caderas. El alcohol perjudica, sobre todo, a los que, además, son aficionados a las grasas y el azúcar: ésa es justo la combinación que suele dar lugar a un hígado adiposo.

Está claro que, por naturaleza, el alcohol es en sí mismo una trampa de calorías: no en vano un gramo de alcohol proporciona 7 kcal, muy parecido a lo que hace un gramo de grasa (9 kcal) y más que un gramo de azúcar (4 kcal). Además, frena durante varias horas la combustión de las grasas y mina los buenos propósitos que hemos desplegado en los momentos en que nuestro ánimo no estaba bajo los efectos del alcohol.

Los expertos aconsejan que los hombres no deben beber más de ½ litro de cerveza o ¼ de litro de vino al día. En el caso de las mujeres, esas cantidades se reducen a la mitad. Los investigadores del Centro de Investigación sobre el Alcohol del Instituto de la Salud Pública de Copenhague recomiendan practicar un estilo de vida asociado a la actividad y a un consumo moderado de alcohol.

Cómo tratar con el alcohol de una forma consciente

Mantenerse cuatro semanas en el «dique seco»

¿Te sientes con frecuencia floja y agotada? Puede tratarse de un aviso de emergencia que te lanza el hígado y, por si acaso, deberías consultar a un médico. Comprueba si al renunciar al alcohol te han vuelto las ganas de mantener tu actividad y hacer ejercicio.

Planificar «días libres de alcohol»

Si bebes todos los días sobrecargas aún más tu cuerpo. Por eso deberías dejar dos días a la semana (mejor tres) sin probar el alcohol. O bien prescindir de él todos los días y permitirte alguna copa en el fin de semana. Al contrario, si tu trabajo te lleva a beber durante la jornada laboral, deberías declarar el fin de semana como «libre de alcohol».

¿Cuánto bebo al día?

A veces deberías animarte a comprobar las cantidades que tomas. Sé valiente, hazte con un vaso graduado y comprueba los mililitros que caben en la copa que sueles utilizar. Un barman puede llegar a equivocarse en un 30 por ciento de ese volumen.

Reducir la cantidad

Piensa de antemano en lo que quisieras beber. Mide y sírvete esa cantidad y coloca tu provisión de licor tan lejos como te sea posible. También puedes tratar de limitar las oportunidades; por ejemplo: «Nada de beber antes de seis de la tarde» o «No beberé nada si estoy sola».

CONSEJO 30

Cómo mantenerse en forma con el deporte preferido

SI HAS ENCONTRADO TU TIPO DE DEPORTE FAVORITO, no solo te resultará divertido entrenarte con él, sino que te mantendrás más ligera, activa y saludable. ¿Te es suficiente para mantener tu *fitness* y poner en forma o mantener tu figura? Cada tipo de deporte supone algunas exigencias, ofrece ciertos beneficios y puede que desatienda determinados ámbitos. Procúrate el entrenamiento adecuado para conseguir el equilibrio necesario.

IMPEDIR EL *FITNESS* UNILATERAL

El esquí de fondo es un deporte óptimo para el *fitness*, se utilizan todos los grandes grupos musculares y el consumo de energía es enorme, y los brazos, las piernas y el tronco se mantienen firmes y esbeltos. Pero ¿qué hacemos en verano? Existen tipos de deportes, como el tenis, que se pueden practicar a lo largo de todo el año; aunque exigen una buena calidad de juego y mucho peloteo, sirven para que suba el pulso y se queme la grasa. En este deporte puede ocurrir, en función del brazo con el que se maneje por sistema la raqueta, que exista una exigencia muscular de carácter unilateral. Ésta es una razón suficiente para retocar tu sistema de juego con un entrenamiento dirigido y hacer ejercicios adicionales y complementarios que sirvan para conservar la armonía de tu figura.

› **Resumen:** averigua cuál es tu deporte favorito de acuerdo con los siguientes puntos de vista:

› ¿Puedes mantener siempre alto tu pulso durante la práctica del esfuerzo?

› ¿Cuál es la intensidad real que le puedes exigir a tus músculos?

› ¿Qué músculos se cargan más y cuáles menos?

› ¿Con qué intensidad y regularidad practicas el ejercicio?

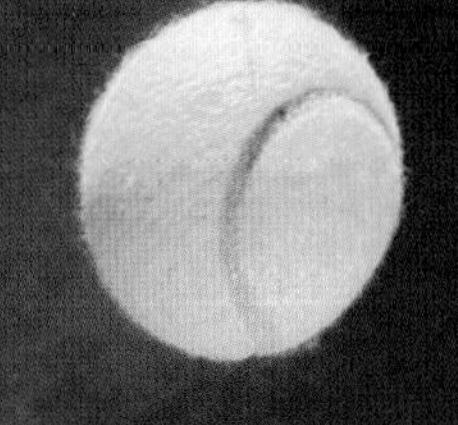

Complementa tu deporte favorito con un entrenamiento guiado

TIPO DE DEPORTE	CARACTERÍSTICAS	*BODYSHAPING* (MUSCULACIÓN)	*FATBURNING* (RESISTENCIA)
Tenis	Exigencia técnica en el juego de revés.	Necesita un entrenamiento dirigido de los músculos del abdomen y la espalda. Ejercicios compensatorios (por ejemplo, con *Thera-band*) para el brazo contrario al de golpeo.	Solo es duro y fatigoso si se tiene una adecuada calidad de juego, de lo contrario se debe complementar con un entrenamiento de resistencia.
Baile	Aporta sentido del movimiento, dominio del cuerpo y un *fitness* general.	Se debe complementar con ejercicios para mejorar la estabilidad de la musculatura del tronco. Otros ejercicios para la musculatura dorsal superior servirán para fomentar la posición erguida del cuerpo.	Con un entrenamiento complementario de resistencia se mejora el *fitness* básico. Los movimientos durante el baile serán más sueltos y relajados.
Bádminton, *squash*	Son menos exigentes que el tenis en cuanto a la calidad de juego.	Entrenamiento de compensación para equilibrar sobre todo los músculos del abdomen y la espalda, así como para el brazo contrario al de golpeo.	Si se juega una vez a la semana, se deberá practicar entrenamiento de resistencia al menos durante otras dos sesiones semanales.
Voleibol	Es escaso en el tema de contacto con la pelota y acciones de juego, por lo que cuesta llegar a poner en marcha la combustión de las grasas.	Buen entrenamiento para las piernas. El resto de los grupos musculares debe ser objeto de estiramientos y entrenamiento dirigido.	Es obligatorio hacer en paralelo un entrenamiento de resistencia que sirva para quemar grasas.
Hípica	Favorece la postura y el control del cuerpo. Sin embargo tiene efectos algo escasos para la resistencia.	Entrenamiento dirigido de los músculos abductores, es oportuno para la musculatura de hombros y brazos.	Entrenamiento complementario para elevar el consumo de calorías.

CONSEJO 31

Ponerse en forma a propósito

EL MOVIMIENTO HABITUAL DE LA VIDA COTIDIANA ofrece bastantes posibilidades para alcanzar y mantenerse en forma sin necesidad de trabajar con un entrenamiento guiado: haz que las escaleras se conviertan en tu máquina para hacer *step*, usa la bolsa de la compra como mancuernas y piensa que tu circuito de *walking* es el recorrido que tienes que hacer desde la plaza de aparcamiento o la parada del autobús. Todo eso no supone ni tiempo ni dinero, pero activa la musculatura de forma maravillosa y, además, consume calorías adicionales, bastantes más de las que pudieras pensar. Si de esa forma logras incorporar el ejercicio a tu día a día, habrás conseguido para tu metabolismo que ya se haya hecho la «mitad del gasto» en calorías por el movimiento.

MINI ENTRENAMIENTOS **Y «KILÓMETROS DE BONIFICACIÓN»**

El día es muy largo, lo que resulta perfecto para intercalar algún que otro entrenamiento. Te quedarías sorprendida con el gran consumo de energía que puedes conseguir por ti misma sin mucho esfuerzo ni una notable pérdida de tiempo. Cuantos más componentes de movimiento incluyas en tu vida diaria, mejor te funcionará el sistema cardiocirculatorio, el metabolismo, la musculatura y, por supuesto, la espalda y las articulaciones.

› **No lo interpretes mal:** los movimientos de la vida cotidiana no deben impedir que te entrenes en tus momentos de ocio. La ventaja consiste en que al acabar el día, que se ha desarrollado con una gran actividad, ya te encontrarás con una «bonificación» para iniciar el entrenamiento o incluso para sustituirlo en caso de que en alguna ocasión no tengas tiempo o ganas de hacerlo. Además, estas dispersas migajas de ejercicio cotidiano te harán sentirte suelta y en mejor forma a lo largo del día.

1 Entrenamiento de *step* subiendo escaleras

Lo que la mayoría de las personas considera molesto o superfluo es lo que debes incorporar a tu plan de entrenamiento de tipo cotidiano. Por lo tanto, haz caso omiso del ascensor y sírvete de las escaleras. Eso, además de un entrenamiento efectivo de los músculos de las piernas, te puede resultar mejor que la cara máquina para hacer *step* del gimnasio. *Consumo adicional de energía: unas 70 kcal en 5 minutos.*

2 *Power walking* en el día a día

Te sueles sentir nerviosa si tardas mucho tiempo en llegar a tu puesto de trabajo desde la plaza de aparcamiento o la parada de autobús. Míralo de otra forma y hazlo incluso más largo: la distancia debe ser suficiente para que te suponga unos 5, o mejor 10, minutos de recorrido de *power walking* que deberás hacer con una forma deportiva de marcha. De esa forma conseguirás al día de 10 a 20 minutos de tiempo efectivo de entrenamiento. *Consumo adicional de energía: 110 kcal en 10 minutos.*

3 Cargar con las compras

Seguro que ya conoces que el entrenamiento con pesas es algo muy efectivo. Tanto como puede resultar el hecho de cargar con la bolsa de la compra o con las cajas de bebidas. A los músculos les da lo mismo lo que lleves en las manos y lo único decisivo es que los mantengas en tensión. Así que lo mejor que puedes hacer es servirte de esa bolsa o esas cajas como si fueran pesas. Lo importante es que

adoptes una buena postura corporal con los hombros estabilizados y la espalda recta. *Consumo adicional de energía: unas 50 kcal en 5 minutos.*

Entrenar en casa en tu propio gimnasio de *fitness*

¿ES FRECUENTE QUE NO TENGAS TIEMPO, o ganas, para irte a entrenar al gimnasio? ¡Pues prepárate un gimnasio entre las cuatro paredes de tu casa! Unos pocos metros cuadrados son suficientes. Además, siempre que quieras podrás quitar de en medio los pequeños aparatos de entrenamiento. Los costes se mantienen dentro de unos límites aceptables y seguro que estarán por debajo de lo que tendrías que pagar por la cuota del gimnasio de *fitness*.

LA INSTALACIÓN BÁSICA

Si quieres comprar un cardioaparato para el entrenamiento de resistencia, lo mejor es que te decidas por un *crosstrainer*, también conocido como entrenador elíptico. Con ese equipo, el entrenamiento es beneficioso para las articulaciones y mantiene de forma correcta tanto el metabolismo como el sistema cardiocirculatorio. Si pasas todo el día sentada, ese aparato también te procurará una beneficiosa y erguida postura corporal.
En contraste con lo que ocurre con el ergómetro de bicicleta, con el entrenador elíptico activas los músculos del torso, consigues un gran consumo de calorías y das forma a la musculatura de tu zona corporal superior. Por supuesto, el entrenamiento de resistencia lo puedes practicar al aire libre. O elegir un entrenamiento en circuito (ver el Consejo 10) que podrás realizar sin aparatos.

› **Para el entrenamiento de musculación** lo más adecuado son los ejercicios en que interviene el peso corporal propio, que te servirán para conseguir la estructuración de la musculatura y poner en forma tu figura.
Para él son adecuados algunos pequeños aparatos como los que se indican a continuación: con ellos conseguirás más variedad de entrenamiento y dar un auténtico impulso a la motivación.

Con ellos te pondrás en forma en tu propia casa

Thera-band

Esta banda de látex es el entrenador universal más barato y flexible de todos los que existen en el mercado. Cuesta unos pocos euros, cabe en cualquier bolsillo y sirve para entrenar incluso los pequeños grupos musculares. La banda está disponible en diversas resistencias por lo que se adapta muy bien a tus necesidades de *fitness*.

MFT-FitDisc

El entrenamiento en este tablero de equilibrio se dirige sobre todo a las piernas: una vez que estás sobre él, sus oscilaciones hacen más intenso cualquier ejercicio. La exigencia más notable es la de coordinación, lo que ejerce un efecto muy especial sobre las articulaciones. Su coste es de unos 60 euros.

XCO-Trainer

Estos tubos para las manos pueden sustituir muy bien a las mancuernas. En su interior hay una sustancia granulada que se mueve como si fuera un volante, lo que sirve de intensa exigencia para los músculos. Los XCO también pueden servir como aparatos de mano para elevar el consumo de calorías durante el *walking* o el *jogging*. Su coste es de unos 100 euros.

Recuperar con facilidad el ejercicio perdido

ES MEJOR QUE NADA. Cualquiera sabe lo que ocurre: una cita laboral va a continuación de la otra, un viaje de trabajo repleto de reuniones o también una fase de «agotamiento» son suficientes para que fracase tu entrenamiento de fin de semana. ¿Va ocurrir lo mismo con tu silueta? De ninguna manera: basta con que compenses las sesiones de ejercicio que has perdido con un intenso entrenamiento de fin de semana. Los científicos han demostrado que todo funciona bien de esa forma.

EL DEPORTE DE FIN DE SEMANA ES MEJOR DE LO QUE PARECE

Los estudios más recientes han mostrado que los deportistas de fin de semana alcanzan los mismos resultados que sus colegas que reparten su plan de entrenamiento a la largo de los siete días. Con ello se puede dar por terminada esa excusa «No tengo tiempo» que esgrimen las personas que están siempre sentadas y agobiadas por citas y reuniones: los días de ocio se pueden utilizar muy bien para la práctica del deporte.

› **Para que no surjan malentendidos:** nuestra recomendación estándar se refiere siempre a distribuir la materia de entrenamiento sobre un sistema regular y armonioso durante toda la semana, ya que así se pueden planificar y estabilizar, a la larga y de la mejor forma posible, los efectos del entrenamiento.
En lo que se refiere a los plazos, si alguna vez no se han podido cumplir siempre existe la posibilidad de mantenerse al tanto sin más que entrenar de forma prolongada e intensa durante el fin de semana o en los días libres. Lo mismo cabe decir si no has tenido la oportunidad de entrenar durante bastante tiempo y repartes las prácticas en pequeñas dosis a lo largo de todos los días de la semana.

Plan B para los fines de semana

Así recuperas el ejercicio perdido

Si, por ejemplo, tienes planificado entrenar tu resistencia en tres sesiones semanales de 30 minutos cada una, en el peor de los casos puedes trasladarlo todo al fin de semana; durante el sábado debes trabajar 60 minutos con poca intensidad (para reducir en 10 pulsaciones la frecuencia cardíaca) y después hacer el domingo unos 30 minutos de sesión intensiva (para aumentar 10 pulsaciones). Para la materia del entrenamiento general eso supone el mismo tiempo que el de las sesiones perdidas a lo largo de la semana.

Los mejores tipos de deporte de fin de semana

Lo más recomendable para incrementos esporádicos de las prácticas de un día, como les ocurre a los deportistas de fin de semana, son actividades como bicicleta, patinaje en línea o natación. El aumento de intensidad de esas actividades no sobrecarga las articulaciones como puede ocurrir con el *jogging*.

Entrenamiento intensivo de fuerza

Lo mismo que ocurre con el de resistencia, el entrenamiento de musculación también se puede compensar con turnos extra de las sesiones que se realicen durante el fin de semana. Sin embargo, pueden resultar demasiado fatigosos y de ahí que no deban ser tomados en consideración por las personas bien entrenadas. Además, hay que «repartirse»: un día para entrenar con intensidad la parte superior del cuerpo y otro para dedicarse a la mitad inferior.

Cargar las pilas con nueva energía con barritas de muesli

¿QUIERES IR A ENTRENARTE NADA MÁS SALIR DE LA OFICINA, pero te sientes más atraída por el sofá y la «caja tonta» que por las carreras y los estiramientos? Lo mejor, entonces, es que intercales una pequeña pausa entre el trabajo y el deporte. Tómate 5 minutos, siéntate en un rincón tranquilo y cierra los ojos por un instante. Después tómate un vaso de agua a tragos pequeños y come con toda calma una barrita energética formada por una mezcla de miel, copos y nueces.

PONER EL CONMUTADOR A MODO RELAJACIÓN

Lo que te mantiene muy atareada durante el trabajo y la actividad diaria son las catecolaminas del tipo de la adrenalina, la dopamina y la noradrenalina. Esos neurotransmisores te ayudan a superar los requerimientos de tu entorno. Un nivel elevado garantiza que mantengas concentradas tu atención y tus facultades para que el trabajo resulte productivo a pesar del ajetreo. Eso supone para el organismo una considerable cantidad de energía que debe extraer de sus reservas. Cuando, al final del día, disminuye de repente la tensión anímica, te baja el nivel de las catecolaminas y es frecuente que sientas como un corte en el abastecimiento de energía que te lleve a caer un «hoyo». Para devolver sus posibilidades al organismo, lo mejor que puedes hacer es pasarte al modo relajación. Para salir de ese agujero te puede servir de ayuda un ligero tentempié que no sobrecargue el estómago pero que sea bastante sustancioso y sirva para volver a despertar tu interés por la diversión con actividad y movimiento.

› **Importante:** disfruta con tranquilidad tanto de la pausa como del tentempié, nada de terminar el trabajo y ponerte en seguida a comer.

Para estar de buen humor y resistir mucho tiempo: unas barritas para llevar y que hayan sido preparadas en casa por ti misma.

Barritas de muesli con almendras

1 ración contiene:
4 g de proteínas | 6 g de grasas | 21 g de carbohidratos | 3 g de fibra | 160 de kcal | 671 de kJ

Ingredientes para 10 unidades

50 g de almendras (peladas)
75 g de albaricoques deshidratados
45 g de pipas de girasol
30 g de semillas de lino (trituradas)
100 g de copos de mijo
125 g de miel líquida
1 paquete pequeño de azúcar vainillado
1 clara de huevo

1 Pica las almendras en trozos algo gruesos, haz pequeños dados con los albaricoques y échalo todo en un cuenco. Agrega las pipas, el lino y los copos, y mézclalo todo muy bien.

2 Añade la miel, el azúcar y la clara y vuelve a mezclarlo todo.

3 Coloca un papel vegetal sobre una bandeja del horno y echa en él la masa. Luego pon encima otro papel y aprieta para extender la masa hasta que quede con 1 cm de espesor.

4 Retira el papel, mete la bandeja en el horno precalentado a 150 °C y deja hornear durante 30 minutos. Sácalo del calor y corta la masa en 10 barritas.

5 Deja enfriar las barritas sobre una rejilla. Las puedes guardar en un bote envueltas en papel de hornear y apiladas. Se conservan bien durante unos 10 días.

Es mejor medir con regularidad el abdomen en lugar de pesarse

¿HAS ENTRENADO DE FORMA CONSECUENTE pero tu báscula no señala una apreciable disminución de peso? Si deseas controlar los progresos de tu entrenamiento, debes echar mano de la cinta métrica en lugar de la báscula del baño: con ella reconocerás la reducción conseguida de la grasa y el hecho de que tu musculatura esté más tensa y vigorosa a causa del entrenamiento.

MEDIR EL CONTORNO ABDOMINAL TE MUESTRA LOS EFECTOS DEL ENTRENAMIENTO

Si te has entrenado de forma intensa, dispondrás de más sustancia muscular. Es algo que te indicará muy bien la báscula, pues la musculatura es bastante más pesada que la grasa. Si, por ejemplo, has perdido 4 kg de grasa y dispones de 2 kg más de sustancia muscular, el peso señalará una pérdida de peso de 2 kg. Pero la balanza solo entiende del peso que hay colocado sobre ella, aunque no de la proporción en que intervienen en él la grasa y la musculatura. Las cosas resultan mucho más claras si te sirves de una simple cinta métrica, pues con ella sí puedes saber que tus tejidos están más delgados y tersos.

› **Precaución:** para medir el contorno abdominal debes adoptar una postura especial, pues tal medida tiene importancia tanto estética para tu aspecto exterior, como en lo que se refiere al tema de la salud. El perímetro abdominal es un notable indicador precoz del riesgo de diabetes. Si ese perímetro sobrepasa unos límites determinados, cabe pensar que la parte del interior de la cavidad abdominal ha almacenado demasiada grasa y eso, a la larga, puede producir alteraciones del metabolismo. La práctica regular de ejercicio, en especial un entrenamiento intensivo de musculación, hace que se funda esa grasa del abdomen.

Forma adecuada de tomar las medidas

A Medida del bíceps
Extiende el brazo hacia adelante de forma que quede a la altura del hombro. Mide en la zona central entre la articulación del hombro y la del codo.

B Medida del antebrazo
Adopta la misma posición que en el caso A. Localiza la zona del antebrazo que tiene más contorno.

A B

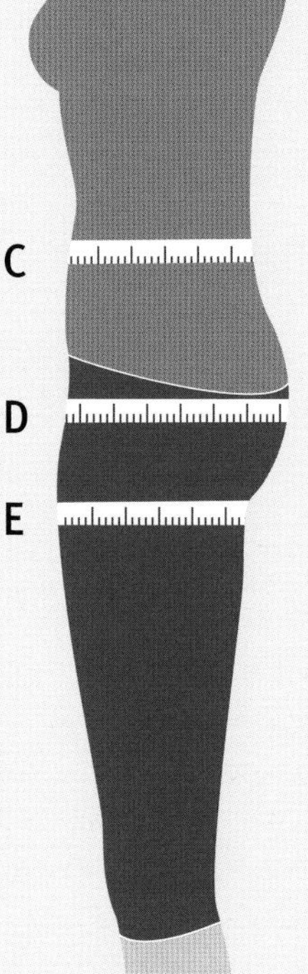

C Medida del perímetro abdominal
Sitúate erguida y mide entre el reborde o arco costal inferior y la pelvis. En función de su tipología, las mujeres deben medir (ver el Consejo 2), si es posible, por debajo de los 88 cm, aunque mejor menos de 80 cm. En los hombres tales cifras se mueven entre 102 y 94 cm.

D Medida del perímetro de las caderas
Determínala como la mayor medida que puedas tomar de la zona del trasero.

E Medida del muslo
Mídela justo debajo del pliegue de los glúteos.

F

F Medida de la pantorrilla
Determínala como la mayor medida que puedas tomar de esa zona de la pierna.

Entrenar la espalda de forma dirigida supone impedir sobrecargas

¡COMBINA LO ÚTIL CON LO ATRACTIVO! Con unos ejercicios de espalda practicados con regularidad matarás dos pájaros de un tiro: no solo darás forma a tu silueta sino que, además, mejorarás tu postura corporal, tendrás la espalda protegida contra esfuerzos y dolores y también evitarás el desgaste precoz de tus vértebras. Con solo unos pocos ejercicios bien dirigidos podrás comprobar si tu espalda se muestra rebelde o si ha superado sin molestias el quehacer diario.

DOLORES DE ESPALDA: SUELEN SER CONSECUENCIA DE LA SOBRECARGA MUSCULAR

Un día de vida cotidiana en la oficina resulta muy poco favorable para los músculos de la espalda, pues soportan sobrecargas unilaterales y repetitivas. Su reacción frente a las sobrecargas se manifiesta en forma de contracturas y dolores.

› **El remedio:** si entrenas de forma dirigida esas zonas musculares, incrementarás tu «crédito muscular», que se encargará de que no tengas problemas, o al menos no de forma precoz, creados por limitaciones del esfuerzo. Hemos reunido tres ejercicios muy efectivos para tres zonas distintas de la espalda.

› **Muy importante en todos los ejercicios para la espalda:** realízalos concentrándote de forma muy especial en ellos y utiliza una técnica esmerada para sobrecargar lo menos posible los sensibles discos intervertebrales.

Los tres mejores ejercicios para la espalda

1 Ejercicio para los erectores de la espalda con focalización en la columna vertebral lumbar

Colócate sobre el suelo a gatas, mantén la espalda recta y tensa la musculatura abdominal. Levanta después un brazo y a continuación estira la pierna del lado opuesto de manera que se mantengan en línea recta con la espalda. Mantén la posición de 3 a 4 segundos y después cambia de lado. Repite el ejercicio de 5 a 10 veces con cada lado.

2 Ejercicio para los músculos de la parte superior de la espalda y entre la cintura escapular

Túmbate sobre el estómago con las piernas estiradas. Apóyate sobre las puntas de los pies y tensa de forma consciente la musculatura de los glúteos. Apoya la frente sobre una toalla enrollada. Levanta los brazos en forma de ángulo recto hasta que queden a la altura de los hombros. Mantén la posición 3 o 4 segundos y repite el ejercicio de 10 a 15 veces.

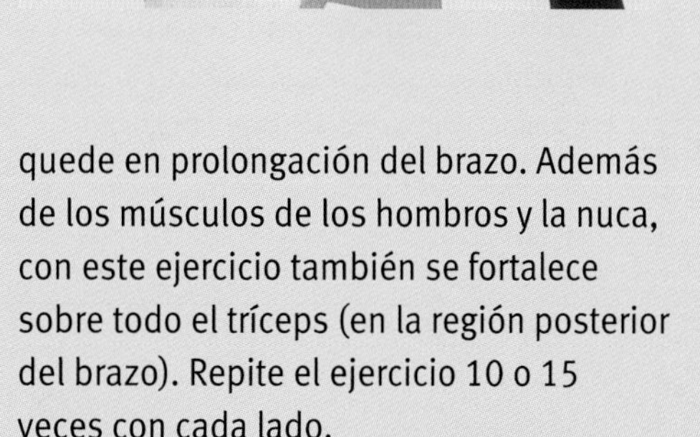

3 Para la musculatura de los hombros y la nuca

Sujeta una mancuerna (o en su defecto una botella de agua) en una mano. Apóyate en un taburete con la mano y la rodilla rectas. Levanta el brazo izquierdo de forma que quede algo por encima de la espalda mientras el antebrazo apunta hacia abajo. Estira el antebrazo para que quede en prolongación del brazo. Además de los músculos de los hombros y la nuca, con este ejercicio también se fortalece sobre todo el tríceps (en la región posterior del brazo). Repite el ejercicio 10 o 15 veces con cada lado.

Mantener el control de calorías incluso en el restaurante

LA MODERACIÓN NO RESULTA COMPLICADA. ¿A que conoces la sensación? Te sientas tan tranquila en el restaurante para disfrutar de una sabrosa comida y apenas le has echado el primer vistazo a la carta sientes que tu fuerza de voluntad se precipita en una profunda crisis. Lo cierto es que te gustaría pedirlo todo, porque te sientes tentada por los atractivos nombres de los platos, los exquisitos ingredientes y la esmerada forma de prepararlos. Por desgracia, nadie sabe las grasas, los azúcares y las calorías que ha escondido el cocinero en esa comida. Mantén alto el ánimo: unos pequeños trucos te servirán para exorcizar el exceso de calorías.

HAY QUE ADMITIRLO: CUANTO MÁS GRASO MÁS SABROSO

A los gestores de los restaurantes, cadenas de comidas rápidas y similares les importa muy poco tu cintura. Su objetivo es procurar que sus clientes se sientan satisfechos y vuelvan porque les ha gustado lo que han comido. ¿Qué es lo que queremos la mayoría de nosotros? Pues nos gustan las salsas muy cremosas, las frituras más crujientes y unos exquisitos dulces. La dieta saludable y pobre en calorías preparada con verdura poco cocinada y fruta fresca suele ser un plato que es raro encontrar en la carta del restaurante.

La tentación dispone aún de campos de minas adicionales: el tamaño de las raciones. En la actualidad, los platos son del tamaño de fuentes, y las cantidades que nos colocan en ellos son análogas a las que, en casa, servirían para dar de comer a toda la familia. No es extraño, por lo tanto, que incluso los más disciplinados de nosotros consumamos a la hora de la comida en el restaurante más calorías que en nuestro domicilio. Además, si la comida nos gusta, tendemos a dejar vacío el plato.

Cinco trucos para no arrepentirse en el restaurante

1 Busca restaurantes en que todo lo que cocinen sea fresco y no se limiten a descongelar comida preparada. En ellos podrás indicar tus deseos especiales y pedir, por ejemplo, que los platos estén elaborados con poca grasa.

2 Si tienes sed, lo mejor es beber agua mientras esperas que te sirvan y evita tomar en su lugar cualquier otra cosa como aperitivo. Después debes seguir con el agua alternándola, si acaso, con otra bebida.

3 ¿Tienes apetito y te inclinas por un plato muy sustancioso? Entones al pedirlo encarga que te sirvan solo la mitad de su contenido. Ya es muy normal que en cualquier restaurante dispongan de envases en los que te podrás llevar el resto de la comida (los suelen llamar *doggie bag* o «bolsas para el perro»). ¡Atrévete! El propietario del local no puede protestar porque tú le vas a pagar todo el plato.

4 Te gusta comer una ensalada como primer plato, y ésa es una costumbre muy adecuada, pero ten cuidado porque en ella también puede haber trampas. Es muy frecuente que el aliño de la verdura esté integrado por grasas y aceites en un 90 por ciento. Haz que te sirvan los aderezos por separado y así podrás mantener el control de las cantidades. Por supuesto, debes renunciar a los picatostes, quesos o cualquier otro suplemento graso que lleve la ensalada.

5 Comparte con tus acompañantes tanto los primeros platos como los postres. Si vas a un sitio donde sepas que las raciones son abundantes, si sois cinco personas lo mejor que podéis hacer es pedir solo cuatro platos fuertes.

Disolver la grasa abdominal a base de entrenamiento de fuerza

NO SOLO SE TRATA DE MANTENER UNA BUENA SILUETA, la salud también se resiente ante un abdomen demasiado grueso. Aunque no haya nada que objetar frente a una leve barriguita, que incluso puede resultar *sexy*, las barrigas esféricas suelen estar bastante mal vistas, van en perjuicio de tu aspecto físico y, además, pueden hacerte enfermar. Así que lo mejor es eliminar la grasa abdominal. Se puede conseguir con un intensivo entrenamiento de musculación.

LA GRASA DEL ABDOMEN **ES UN RIESGO PARA LA SALUD**

Quien acumula demasiada grasa en la cavidad abdominal corre el riesgo de sufrir enfermedades metabólicas, como la diabetes, o afecciones vasculares, como es el caso de la arteriosclerosis.

Lo más peligroso no es la grasa que pueda haber almacenada en la zona subcutánea, sino otra gran cantidad de ella, no visible ni palpable, que se acumula alrededor de los órganos internos. Ese tejido adiposo, también denominado grasa abdominal o visceral, tiene una gran actividad metabólica: libera ácidos grasos en la sangre con total continuidad, lo que influye de forma negativa en el metabolismo de las grasas.

Sin embargo, esta intensa actividad del metabolismo tiene la ventaja de que puede desintegrar de forma bastante rápida la grasa abdominal, pues el estómago renuncia a ella de muy buena gana. Unos recientes estudios han demostrado que esa peligrosa grasa se puede eliminar con un entrenamiento de fuerza, no con un ligero esfuerzo de toda la musculatura, sino con entrenamiento intensivo.

› **Resumen:** si tu salud no te supone ninguna limitación para practicar esfuerzos, aprovéchate y dale al acelerador como es debido.

Así te puedes deshacer de la grasa abdominal

■ En la mayor medida de lo posible, actúa sobre los grandes grupos musculares; con ellos organizarás tu metabolismo basal y conseguirás que se incremente el consumo de calorías. Lo podrás conseguir con los siguientes ejercicios y aparatos:

› En el gimnasio existe todo el equipo adecuado con el que podrás hacer ejercicio y actuar sobre más articulaciones, lo que te permitirá trabajar sobre varios grupos musculares (por ejemplo, la máquina de remos o de tracción, el apoyo de piernas).

› En el capítulo de entrenamiento en circuito (ver el Consejo 10) encontrarás una serie de ejercicios para practicar en casa.

■ Además de lo anterior, también debes entrenar de forma especial los músculos del abdomen. A pesar de que no puedes influir de forma directa en la reducción de la grasa de la cavidad abdominal, sí mantendrás la tensión de las paredes abdominales y eso te servirá para adelgazar y ofrecer un aspecto esbelto en el estómago y la cintura.

CONSEJO 39

Conseguir mucho con aparatos sencillos

EL DESEQUILIBRIO TE PROCURA ESTABILIDAD. Tus músculos quieren ser exigidos, y no solo por medio de una gran resistencia, sino también en lo que se refiere a la coordinación. Cuanto más puedas equilibrar y sostener tu musculatura, tanto con una posición corporal como con la práctica de un ejercicio, más fuerte será también la actividad muscular y, en consecuencia, el efecto del entrenamiento de fuerza. Aprovecha esa oportunidad y colabora con tus músculos y ofréceles una base inestable, como puede ser un balón de gimnasia que se mueve de un lado a otro, o una superficie de apoyo que se vuelca, como es el caso del tablero de equilibrio.

ENTRENAMIENTO CON PEQUEÑOS APARATOS PERO CON GRANDES RESULTADOS

Nuestros músculos tienden a facilitarse la vida si se lo permitimos. Para hacer ejercicios con un movimiento dirigido en una máquina de musculación tienen bastante con menos fibras musculares que si lo hacen con pesas libres, en cuyo caso necesitan controlar y equilibrar la evolución del movimiento. Lo mismo se puede decir de los ejercicios gimnásticos que en lugar de transcurrir sobre un suelo firme se desarrollan sobre una base inestable. Los análisis sensoriales, denominados mediciones electromiográficas, realizados en la superficie muscular han puesto de manifiesto que la actividad muscular se incrementa a medida que son más inseguras las condiciones exteriores. Esto lo puedes aprovechar muy bien en beneficio de tu figura: lo más adecuado para el entrenamiento de la parte superior del cuerpo es un balón grande de gimnasia que se usa como apoyo para el tronco. En lo que se refiere al entrenamiento de las piernas, sirve un tablero de equilibrio, por sus condiciones de inestabilidad, como un estímulo de entrenamiento bastante elevado para las partes musculares de la mitad inferior del cuerpo.

Activar aún más músculos

1 Ejercicio en el tablero de equilibrio
Practica los ejercicios colocada de pie sobre una de esas plataformas. La coordinación resulta aún más intensa si refuerzas esas prácticas con la necesidad de mantenerte en equilibrio sobre una sola pierna. Conserva el equilibrio sobre ella de forma que las articulaciones de los pies, la rodilla y la cadera se mantengan en la vertical y la espalda quede recta y erguida. También resulta muy adecuada la combinación de varios ejercicios con los que movilizar la parte superior del cuerpo: haz, por ejemplo, prácticas de tensión con una banda flexible (*Thera-band*) durante los cuales tendrás que, además, controlar el equilibrio sobre el tablero inestable.

2 Ejercicio sobre el balón grande de gimnasia
Túmbate con el abdomen sobre el balón; apuntala el cuerpo sobre las puntas de los pies, que apoyarás en el suelo separadas a la anchura de las caderas. A continuación tensa la musculatura abdominal y glútea y levanta la parte superior del cuerpo hasta que quede alineada con las piernas. Estira de forma uniforme la punta de los dedos (de las manos) para que apunten a los pies; gira las palmas de las manos para que miren al suelo. Mantén la posición durante 3 o 4 segundos, y repite el ejercicio de 5 a 8 veces.

1

2

CONSEJO 40

Saludable y bastante sabrosa para las noches: la cena de proteínas

¿ERES DE LAS QUE, UNA VEZ QUE AFLOJA EL AJETREO DEL DÍA A DÍA, no puedes contenerte más y te pones a comer? ¿Haces saltar por los aires tu dominio sobre la bolsa de patatas o bombones con una generosa aportación de calorías y a la mañana siguiente te sientes molesta contigo misma? Intenta engañar alguna que otra vez a tus accesos de hambre con cena sabrosa y copiosa en proteínas. Es decir, un plato abundante de verdura y una ración de carne de ave sin grasa, o de pescado, que te dejarán saciada y satisfecha.

MENOS CARBOHIDRATOS RÁPIDOS SUPONEN MENOS INSULINA

Si se ha heredado la predisposición a un intenso metabolismo de los azúcares, las calorías extra procedentes del azúcar y la grasa suelen sentar bastante mal. El cuerpo reacciona ante los hidratos de carbono rápidos con una subida fulminante del nivel de insulina. Son las denominadas «puntas de insulina»: nos aumentan el apetito y, en definitiva, nos hacen engordar.

La insulina es una hormona encargada de muchas funciones. Una de ellas se desarrolla cuando se ha acumulado demasiado azúcar, pues la insulina se ocupa de «retirarla» de la sangre. Hace de llave para abrir la puerta a las células grasas y apalea sobre ellas la energía para poder utilizarla como reserva en caso de que llegaran «tiempos de vacas flacas». Cuanto menos se les llama a esos mensajeros, más pequeños son los depósitos de grasa.

› **Resumen:** para frenar ese hambre insaciable que te ataca por las noches cuentas con la posibilidad de renunciar por completo a los carbohidratos dos o tres noches por semana. Servirá para tranquilizar el metabolismo de los azúcares.

¡Rápido de hacer y muy sabroso!

Escalopes de pavo con costra de cacahuetes

1 ración contiene:
49 g de proteínas | 18 g de grasas | 3 g de carbohidratos | 8,5 g de fibra | 386 de kcal | 1614 de kJ

Ingredientes para 2 raciones

- 1 cebolla
- 1 diente de ajo
- 1½ cucharadas de aceite vegetal
- 300 g de espinacas congeladas
- 2 escalopes de pavo (250 g cada uno)
- Sal y pimienta
- 1 huevo pequeño
- 2 cucharadas de cacahuetes
- 1 cucharada de harina de soja

1 Pela y trocea la cebolla y el ajo; calienta en una cacerola ½ cucharada de aceite y rehógalos hasta que adquieran un tono cristalino. Agrega las espinacas. Mantén la cacerola cerrada y deja que se cocine todo a fuego bajo de 6 a 8 minutos.

2 Salpimienta el pavo. Bate el huevo, junto con una cucharada de agua, en una fuente profunda. Trocea los cacahuetes, mézclalos con la harina y colócalos en otra fuente. Reboza los escalopes de pavo en el huevo y luego en la mezcla de cacahuetes y harina.

3 Calienta el aceite restante en una sartén antiadherente y dora el pavo manteniéndolo a fuego medio durante 3 o 4 minutos por cada lado.

4 Salpimienta las espinacas y úsalas como guarnición para el pavo.

CONSEJO 41

Patinaje en línea: ir sobre ruedas y conseguir una buena figura

ES ALGO MÁS QUE UNA MODA. Si quieres hacerte con unas bonitas piernas y un atractivo trasero, lo más adecuado es el patinaje en línea o *inlineskating*. Los patinadores no solo se divierten, están al aire libre y organizan salidas en grupo, sino que de hecho se les ofrece algo más: si te mueves con los patines de forma deportiva y acentúas claramente el impulso con cada uno de los lados, convertirás ese cómodo y relajado «rodar un poco por el barrio» en un auténtico deporte de *fitness*, muy beneficioso para tu figura y tu salud.

MODELAR EL CUERPO **SIRVIÉNDOSE DE LOS PATINES**

Este deporte de ocio, tan popular en la actualidad, se concentra muy en especial en las típicas zonas problemáticas de tu cuerpo, es decir, los muslos, las caderas y los glúteos. Con cada impulso (*push*) se activan los músculos correspondientes, lo que genera a largo plazo la conformación y tensión de esas partes.

En el patinaje deportivo también tiene lugar un elevado consumo de energía, con los correspondientes beneficios para tu figura.

Las mediciones efectuadas por la ciencia deportiva ponen de relieve que el patinaje en línea provoca un gran fortalecimiento de la actividad muscular en la zona de los muslos y los glúteos: es algo que puedes notar y palpar por ti misma. El patinaje te aporta un entrenamiento de musculación y resistencia ideal para las zonas más problemáticas.

La elevada actividad muscular no solo te hace ganar velocidad, sino que lanza tu pulso hacia arriba e incrementa en consecuencia el consumo de calorías.

Lo que se necesita para el patinaje deportivo

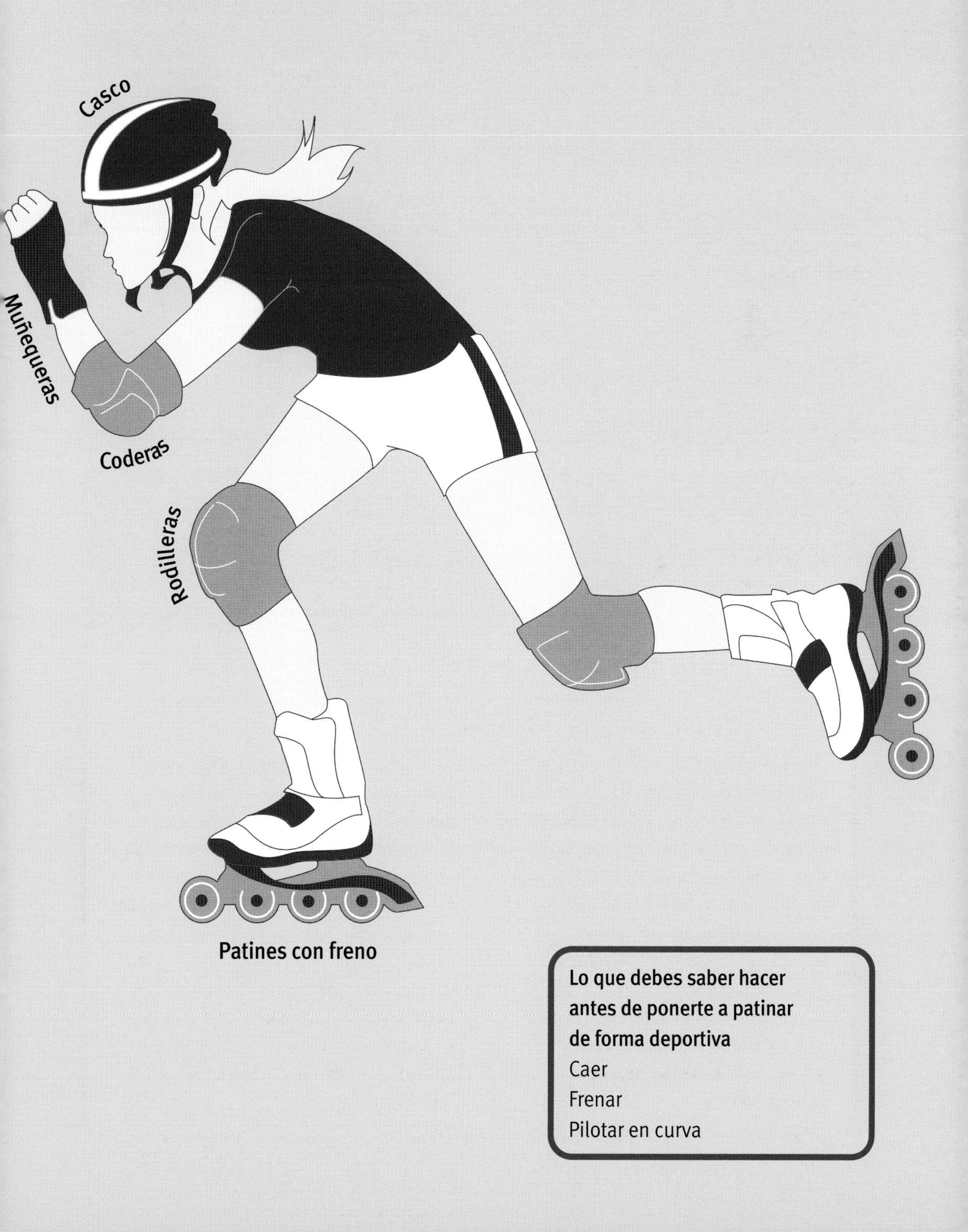

Lo que debes saber hacer antes de ponerte a patinar de forma deportiva

Caer

Frenar

Pilotar en curva

Reconocer y sustituir los engordadores domésticos

CALORÍAS OCULTAS. Cualquiera lo puede decir del chocolate, la tarta de nata, el codillo de cerdo o el embutido: «¡Aquí hay una montaña de calorías!», y es necesario actuar en consecuencia. Sin embargo, existen otros platos muy apreciados que dan la sensación de ser inofensivos. Si deseas estar en forma, debes mirar todo con mucha atención. A continuación te vamos a mostrar dónde te acechan las bombas calóricas y a ofrecerte las alternativas más ligeras y sabrosas de que dispones.

EN LA PASTELERÍA **EXISTEN MONTAÑAS DE GRASA Y AZÚCAR**

Un cruasán de chocolate para el desayuno, al mediodía una mini *baguette* rellena, a la hora del café una caracola de manzana y canela y, por la tarde, de vuelta a casa y como merienda, pan con jamón y queso. Es muy rápido y sabroso. ¿Cuántas calorías has ingerido en realidad? Suma y sigue: ¡2.720 calorías! ¿No te parece espantoso?
En el supermercado cada alimento lleva impreso en la envoltura su valor nutritivo. ¿Qué ocurre en la pastelería? ¡¡Ni una sola indicación!! Más de una renunciaría horrorizada si supiera el azúcar y la grasa que se esconden en un inofensivo (al parecer) trozo de bizcocho. Además, el tamaño de las raciones parece haber quedado fuera de control. Te venden raciones de tarta que pueden alcanzar hasta los 250 g de peso. Ese contenido de calorías solo lo necesitaría una persona que realizara un duro trabajo físico y, además, supondría el contenido de una comida principal.

› **Resumen:** si pasas cerca de una pastelería que despide un olor fascinante, lo mejor que puedes hacer es mantenerte firme y pasar de largo. La tentación habrá terminado al cabo de muy poco tiempo.

Productos grasos

Cruasán
de chocolate
100 g
515 cal / 33 g de grasa

Mini *baguette* rellena
de queso y mortadela
260 g
740 cal / 50 g de grasa

Caracola de manzana
y canela
240 g
945 cal / 50 g de grasa

Pan al horno
con queso y jamón
150 g
520 cal / 25 g de grasa

Algo ligero

Pan de pasas
55 g
150 cal / 1 g de grasa

Pan integral
con huevo y tomate
200 g
275 cal / 15 g de grasa

Torta de galleta
con cobertura de fruta
100 g
160 cal / 2 g de grasa

Plato pequeño
de pasta con salsa
de tomate
250 g
300 cal/ 5 g de grasa

Ahorro de calorías

365 cal / 32 g de grasa

465 cal / 35 g de grasa

785 cal / 48 g de grasa

220 cal / 20 g de grasa

Adelgazar y erguirse con los mejores *push-ups*

CONSEGUIRÁS UNA BONITA FIGURA SI MANTIENES ERGUIDA LA POSTURA. ¿Te colocas delante del espejo y te resulta poco satisfactoria la imagen que se refleja? En tal caso intenta lo siguiente: echa los hombros hacia atrás, yergue la cabeza e inclina un poco la pelvis hacia delante. Comprobarás que, a medida que te enderezas, las cosas presentan un aspecto muy distinto, y eso se debe tan solo a que has activado los músculos de los hombros y la pelvis. Entrena esos grupos musculares y comprobarás cómo mejora y se tensa tu postura corporal incluso durante la actividad diaria.

ENDEREZAR LA PELVIS Y EL TÓRAX

En nuestra postura influyen de forma decisiva determinados grupos musculares que pueden ser reforzados con un entrenamiento controlado: las zonas de coordinación de la postura erguida están situadas en la pelvis y el tórax, así como en la musculatura de esas partes. Al mismo tiempo se utilizan los músculos de los glúteos como principales extensores de la cadera. Junto con un buen entrenamiento de los músculos del abdomen, sirven para mantener erguida la pelvis con el consiguiente beneficio para la oscilación de la columna vertebral y, está claro, para la postura general del cuerpo.

Una posición erguida de la caja torácica permite, sobre todo, entrenar los músculos ubicados entre los omóplatos, que sirven para echar hacia atrás los hombros y levantar el tórax. Por medio de un entrenamiento guiado de la musculatura glútea, abdominal y de los músculos de los hombros mejorará tu postura corporal y tu figura resultará bastante más atractiva. Esos músculos son justo los que están poco exigidos si trabajas siempre sentada y a la larga acaban por relajarse.

Los tres mejores ejercicios *push-ups*

1 Para la musculatura escapular
Colócate tumbada sobre la espalda (decúbito supino), con las piernas flexionadas, eleva el tronco y dobla los antebrazos hacia arriba. Ejerce tensión sobre la parte superior de la espalda mientras haces presión en el suelo con los brazos. Mantén la posición de 2 a 3 segundos, y repite el ejercicio de 10 a 15 veces.

2 Para la musculatura abdominal
Colócate tumbada sobre la espalda y apoya en el suelo las palmas de las manos. Levanta las piernas mientras mantienes la cabeza y los hombros pegados al suelo. Utiliza la musculatura abdominal para elevar la pelvis de forma que el cóccix pierda el contacto con el suelo. ¡Los pies no deben quedar más atrás de la cabeza! Mantén la posición de 2 a 3 segundos, y repite el ejercicio de 10 a 15 veces.

3 Para la musculatura de los glúteos y de la parte posterior de los muslos
Colócate tumbada sobre la espalda y apoya los talones en un taburete. Las piernas deben quedar en ángulo y las puntas de los pies algo en tensión. Levanta la pelvis hasta formar una línea recta con los muslos y la parte superior del cuerpo. Mantén la posición de 3 a 4 segundos, y repite el ejercicio de 8 a 12 veces.

Elegir un buen producto para calmar la sed y beber con ganas

HAY QUE BEBER ANTES Y DESPUÉS. Está claro que, si has sudado mucho, lo mejor que puedes hacer para mitigar la sed es beber agua fresca. Después también resulta adecuado consumir agua mineral con cierto contenido en sales sódicas, que te servirán para compensar las que hayas perdido con el ejercicio. A partir de los cuarenta años, las mujeres deberían tomar también agua rica en calcio, ya que resulta beneficiosa para los músculos y los huesos. En las botellas de agua figura su contenido en sustancias minerales, lo adecuado para el calcio son más de 400 mg/l.

ES MEJOR PREVENIR QUE QUEDARSE EN SECO

Si faltan líquidos en el cuerpo, la sangre se espesa. Eso provoca cansancio en el corazón, pues debe esforzarse más para bombearla por todo el cuerpo, la cabeza sufre defectos de riego y el suministro de oxígeno no progresa. La consecuencia lógica es el agotamiento, la falta de concentración, los dolores de cabeza y los problemas circulatorios. En caso de practicar ejercicio físico durante más de una hora, cada 20 minutos debes programarte una pequeña pausa para beber. Unos estudios recientes muestran que para una mayor absorción por el organismo, las bebidas deben tomarse frías pero no heladas.

Beber también es muy útil durante la actividad diaria, y lo mejor es hacerlo antes de que empecemos a sentir sed, con lo que las células estarán bien aprovisionadas. ¡Para que te encuentres en forma debes tomar al menos entre 1,5 y 2 litros de líquido!

› **Resumen:** si te olvidas siempre del vaso y no tienes a la vista la cantidad de líquido prevista, acabarás por buscarla en otras bebidas que son las que te apetecen de verdad. No obstante, ten en cuenta que, en lo que se refiere a tu figura, lo mejor es no pasarse con zumos y refrescos.

Si se ha sudado mucho lo mejor es echar una pizca de sal en la bebida.

Refresco de manzana y menta

1 vaso contiene:
0 g de proteínas | 0 g de grasas |
12 g de carbohidratos | 0 g de fibra |
58 de kcal | 246 de kJ

Ingredientes para unos 2 litros

1 puñado de hojas de menta fresca (o dos bolsas de infusión de menta)
1 l de zumo de manzana
100 ml de zumo de lima recién exprimido
Eventualmente una pizca de sal
Azúcar o edulcorante
1,1 l de agua mineral

1 Echa en una cazuela la menta y el zumo de manzana y hazlos cocer por un breve tiempo. Después pásalo por un colador y deja que se enfríe.
2 Añade el zumo de lima y, en su caso, la sal. Agrega al gusto azúcar o edulcorante.
3 Llena los vasos hasta la mitad con la mezcla y complétalos con agua mineral.

Limonada a la albahaca

1 vaso contiene:
0 g de proteínas | 0 g de grasas |
3 g de carbohidratos | 0 g de fibra |
17 de kcal | 70 de kJ

Ingredientes para 1,2 litros

1 puñado de hojas de albahaca
1,1 l de agua, aproximadamente
100 ml de zumo de limón recién exprimido
1 pizca de pimienta de Cayena
Unas gotas de angostura
Eventualmente una pizca de sal
Azúcar o edulcorante

1 Aplasta la albahaca con las manos y échala en una jarra grande. Rocía con agua caliente. Agrega el zumo, la pimienta, la angostura y, eventualmente, la sal.
2 Deja la mezcla en maceración durante unos 3 minutos. Agrega al gusto azúcar o edulcorante. Pásala por un colador y sírvela en una jarra o un frasco.

Diseñar de forma consecuente los glúteos y las zonas similares

ARREMETER CONTRA LAS ZONAS PROBLEMÁTICAS DE LAS REDONDECES DEL TRASERO. Si estás sentada durante mucho tiempo, antes o después acabarás por pagar la factura, y ésa es una circunstancia que resulta muy perceptible en la zona de las caderas y las nalgas: los músculos están poco exigidos y se aflojan; además, en ellos se genera el molesto tejido adiposo. Ya es hora de que actúes de forma activa y te sirvas de ejercicios controlados para conseguir unos músculos tensos y una silueta esbelta.

MUEVE LOS RESORTES NECESARIOS **PARA CONSEGUIR LA MUSCULATURA ADECUADA**

Los músculos de los glúteos y los muslos suelen ser de forma crónica los menos exigidos durante la actividad diaria, sobre todo si trabajas sentada, y eso provoca su flaccidez.

› **El músculo glúteo mayor** recubre la mayor parte del trasero. Como se trata del más vigoroso extensor de la cadera, es el responsable principal de mantener enderezada la pelvis. Bien entrenado sirve para otorgar una atractiva curvatura al trasero.

› **Los abductores** se ajustan a la parte externa del muslo y se encargan de los movimientos de separación de las piernas del plano de simetría del cuerpo (abducción). Al mismo tiempo también participan con los glúteos exteriores para otorgar esbeltez al trasero.

› **Los abductores** se ajustan a la parte interna del muslo y tensan la pierna hacia el cuerpo.

Dado que las mujeres están condicionadas genéticamente a almacenar grasa, sobre todo alrededor de los muslos y el trasero, en esas zonas la musculatura resulta bastante más fláccida, mientras que está a la vista que en los hombres es mucho más vigorosa. Por tal razón resulta muy importante y efectivo practicar un entrenamiento dirigido para aportar tersura a esas zonas.

Los tres mejores ejercicios para los glúteos y las zonas cercanas

1 Apoyo de los abductores
Colócate en posición lateral y haz presión contra el suelo sirviéndote de los abductores de la pierna. Separa además la pierna superior hasta que se encuentre alineada con la parte superior del cuerpo. La cabeza debe mantenerse en prolongación de la espalda. Mantén la posición de 1 a 2 segundos, y repite el ejercicio de 8 a 12 veces con cada lado.

2 *Lift-up* (levantar) para el trasero
Colócate tumbada sobre la espalda y con una pierna flexionada; estira la otra pierna hacia arriba. Haz presión con la pierna apoyada y tensa la pelvis hacia arriba. Mueve la pierna levantada hasta que la planta del pie apunte hacia el techo. El ejercicio solo debe ser ejecutado mientras no se produzca lordosis. Mantén la posición de 1 a 2 segundos, y repite el ejercicio de 8 a 12 veces con cada lado.

3 Apoyo de los abductores
Colócate en posición lateral y apoya la cabeza en la mano. Coloca la pierna de arriba delante de tu cuerpo y mantén el equilibrio. A partir de esa posición, levanta y baja la pierna de abajo, que ha de estar estirada. La pelvis siempre debe quedar estable. Repite el ejercicio de 8 a 12 veces con cada lado.

Cuidados regulares para prevenir la celulitis

UN *WELLNESS* MÁS FRECUENTE PARA LA PIEL. A pesar de las innumerables promesas y de cremas espantosamente caras envasadas en preciosos recipientes, la industria de los cosméticos no ha sido capaz, hasta el momento, de encontrar un remedio contra la temida «piel de naranja». Y una vez que está ahí, apenas hay nada que la haga desaparecer. Por lo tanto, toma precauciones a tiempo y con tratamientos de *wellness* acompañados de ejercicios: servirán para animar tu metabolismo y beneficiar tu ánimo.

CUANDO LLEGA DEMASIADA GRASA AL PANÍCULO ADIPOSO

La celulitis es el enemigo de muchas mujeres y se dedica a ensanchar la zona de los muslos, las caderas, los glúteos e incluso los brazos, y en ocasiones amenaza con fijarse en la nuca. Tanto las características genéticas como los hábitos de vida contribuyen a que se hagan más o menos apreciables esas indeseables ondulaciones o abultamientos de la piel.
Las mujeres necesitan una estructura del tejido conjuntivo bastante más flexible que la de los varones. Es muy fácil que las células de grasa en aumento lleguen a pasar a través de la red de fibras de colágeno y allí se hagan perceptibles unas molestas irregularidades en la superficie de la piel. Cuanto más abundante sea la grasa que se almacena en el tejido subcutáneo, el efecto de la celulitis aparecerá cada vez más visible.
Todo lo que estimula el metabolismo, y con él la combustión de las grasas, ayuda a impedir el fenómeno de la celulitis, o al menos a contenerlo. Además del entrenamiento de resistencia y musculación, también se dispone de masajes, baños, aplicaciones de agua de Kneipp o saunas.

Los cuidados embellecen

Duchas alternantes

Con esta sencilla receta casera fomentarás el riego sanguíneo y la regeneración de los tejidos. Además, conseguirás a largo plazo un efecto de endurecimiento que reforzará tu sistema inmunitario. Para ello cada mañana, antes de concluir con la ducha, deberás rociarte con agua fría durante un minuto, luego dos minutos con agua caliente y repetir tres veces el proceso. Acaba la ducha con agua fría y te sentirás en forma durante todo el día.

› El efecto estimulante de esas duchas las hace poco recomendables para servirse de ellas antes de acostarse.

Baños de sal marina

Desde la Antigüedad ya eran conocidos y apreciados los efectos curativos de la sal marina. Con baños de esas sales se estimula el metabolismo de la piel y se favorecen los efectos de desintoxicación. Añade 500 g de sal marina al agua templada de tu baño y sumérgete en ella durante 20 minutos.

Masajes con cepillos

Los cepillos secos favorecen el riego sanguíneo y la circulación y cuidan del tejido conjuntivo. La reacción lógica es un cierto enrojecimiento de la piel debido a que se abren los poros, lo que los hace más receptivos a los revitalizantes. Cepíllate con movimientos circulares: primero las piernas y los brazos, luego sigue con el resto del cuerpo.

Relajar el estrés corriendo en lugar de comer por frustración

ELIMINACIÓN DEL ESTRÉS CON UN LIGERO EJERCICIO. ¿Quién no lo conoce? Si nada ha ido bien y el día ha sido poco satisfactorio y estresante, puede ocurrir que lo compensemos comiendo y bebiendo cosas apetitosas aunque, por desgracia, poco saludables. Hay veces en que parece que ayudan, pero a la larga el castigo puede venir por partida doble: si has acumulado hormonas del estrés a lo largo del día no tienes la garantía de eliminarlas con ese sistema y, además, las golosinas acabarán por asentarse en tus caderas. Lo único que sirve en esos casos es un relajante deporte de resistencia, que tiene la ventaja de ser inhibidor del apetito (ver el Consejo 3) y protegerte de comer por frustración.

UNA REACCIÓN ANCESTRAL **UTILIZADA EN LA ACTUALIDAD**

Contemplado desde un punto de vista fisiológico, el estado de alarma nos provoca un incremento de las hormonas del estrés: aumenta la tensión arterial y los músculos se ponen en tensión; es una reacción muy razonable de nuestro organismo con la que busca protegerse del ataque de un depredador o de un enemigo. En la actualidad, el estrés es algo más normal, pero existen problemas que la actividad corporal no es capaz de resolver. Como consecuencia se mantiene la tensión en los músculos.

Como, antes o después, el estrés acaba por perjudicar nuestra salud, debemos deshacernos de él. Lo mejor es servirse de un moderado ejercicio de resistencia.

Sin embargo, hay que cuidarse de que el deporte en sí mismo no degenere también en estrés. Esto quiere decir que hay que reducir la aceleración y entrenar con tranquilidad y sosiego: se debe poder desconectar en un momento determinado, pensar en otras cosas y afrontar el mundo con una visión distinta.

Recuperarse de forma activa

No te lo pienses mucho tiempo: colócate las zapatillas de deporte para practicar *jogging*, abróchate los patines o echa mano de la bicicleta. ¡Adelante! Olvídate de la presión del rendimiento, déjate llevar al correr y disfruta del contraste que experimentas frente al estrés psíquico de la actividad diaria.

> **Muy importante:** entrénate con menos intensidad que de ordinario. Después tendrás garantizada la experiencia de sentirte relajada y liberada.

Mantener la actividad incluso en la oficina a base de mini *workouts*

LA JORNADA LABORAL SUELE SER DEMASIADO LARGA (y, por eso, demasiado valiosa) para desaprovecharla con temas de entrenamiento de *fitness*. Y, además, las posibilidades que hay en la vida cotidiana de hacer los clásicos ejercicios suelen estar bastante restringidas en el puesto de trabajo. A eso se une también que es aconsejable no llamar la atención ni «hacer exhibiciones» delante de los colegas. Puedes practicar los ejercicios de forma directa sentada ante tu mesa de despacho, estarás oculta y los resultados serán muy efectivos. Basta dedicar unos minutos al día a estos mini *workouts* para disponer de nuevos componentes destinados a construir la esbeltez de tu figura.

ENTRENAMIENTO (SECRETO) EN LA OFICINA

Existe una gran diferencia entre que pases todo el día sentada de forma más o menos ininterrumpida o que te preocupes de practicar pequeños ejercicios asociados a un programa alternativo. Nuestro mini *workout* te supone lo siguiente:

- Dura unos tres minutos.
- Favorece el riego sanguíneo.
- Refuerza la tensión de los músculos de la espalda y el abdomen, que han quedado demasiado desatendidos.
- Incrementa la concentración.

› **Resumen:** es mejor prepararse los ejercicios en casa y practicarlos en la oficina al menos una vez al día, o incluso en varias ocasiones si se presenta la ocasión.

Otras posibilidades de hacer ejercicio en el puesto de trabajo: interrumpe siempre que puedas la monotonía de estar sentada. Mantente de pie mientras hablas por teléfono, resuelve los trabajos y las reuniones en mesas altas y procura moverte lo máximo posible: el mero hecho de ir desde tu sitio a la fotocopiadora o al fax ya es un cambio que será bienvenido por tu cuerpo.

El mini *workout* en la oficina

1 Entrenar el abdomen

Echa la silla unos 10 cm hacia atrás. Apoya los dedos de la mano en la mesa. Tensa de forma activa la musculatura abdominal y levanta las rodillas unos cuantos centímetros hasta que sobrepasen el nivel del tablero de la mesa. Deja caer despacio las rodillas sin permitir que los pies toquen el suelo. Mantén siempre la tensión de los músculos del abdomen. Repite el ejercicio de 6 a 8 veces.

2 Entrenar la espalda

Sujeta con las manos el extremo delantero de los reposabrazos de tu silla y colócate muy erguida. Estructura la tensión muscular en la zona intermedia de tus omóplatos mientras tiras con cuidado hacia atrás de los reposabrazos. Mantén la tensión durante 3 o 4 segundos. Repite el ejercicio de 6 a 8 veces.

3 Girar los hombros hacia atrás

Este ejercicio de cierre te servirá para «dar un masaje» a los músculos de los hombros y la espalda y conseguirás de esa forma una beneficiosa relajación. Gira hacia atrás los hombros, despacio y de forma consciente, durante unos 30 segundos y disfruta de la movilización de esa zona del cuerpo.

Un ejercicio para todos: las sentadillas

EL «NO VA MÁS» EN LO RELATIVO AL ENTRENAMIENTO MUSCULAR. Si tienes que limitar tu entrenamiento a un solo ejercicio, el *squat* («sentadilla») es el más efectivo y en consecuencia debe ser el primero que elijas. Se trata de una forma especial de flexión de las rodillas que sirve para entrenar los grandes grupos musculares que trabajan contra la fuerza de la gravedad. Y, por suerte para ti, estos grupos de músculos son los que necesitas como fundamento de una buena silueta. Por lo tanto, haz que el *squat* constituya un ejercicio de musculación básico que sirva de firme componente a tu plan de entrenamiento.

EL EJERCICIO MÁS NATURAL **DEL MUNDO**

El *squat* se diferencia mucho más de lo que imaginas del clásico ejercicio de flexión de las rodillas, y eso ya lo comprobarás desde la posición inicial y aún más a lo largo de la evolución del movimiento. Con él te servirás de una técnica especial para repartir armoniosamente el esfuerzo entre la espalda y las articulaciones de los pies, las rodillas y las caderas. Una vez que lo domines con total seguridad, te aprovecharás de un fortalecimiento muscular que se extenderá por toda la cadena muscular de tus piernas, recorrerá la musculatura de los muslos, las caderas y los glúteos y ascenderá hasta llegar a la parte inferior de los músculos de la espalda. También te servirá para mantener una postura corporal erguida en contra de la fuerza de la gravedad; en realidad, se trata de la forma más natural de la actividad muscular. Todo eso en un solo ejercicio: ¡es un gran ahorro de tiempo! En esta interacción muscular las sentadillas sirven además para practicar un ejercicio de robustecimiento que resulta de gran efectividad para la espalda. Si, además, activas de forma complementaria los brazos y la cintura escapular, habrás transformado el *squat* en un ejercicio de cuerpo completo de enorme eficiencia.

1

2

Así funcionan las sentadillas

Sujeta con cada mano un objeto pesado (puede ser una mancuerna o una botella llena de agua). Separa los pies, como mínimo a la anchura de los hombros, y gira las puntas algo hacia fuera. Reparte el peso de tu cuerpo, de forma equilibrada, entre las plantas de los pies. Flexiona un poco las rodillas y, sin curvar la espalda, inclínala un poco hacia adelante.

1 Lleva los brazos, cargados con el peso, hacia arriba de forma que queden en prolongación de la espalda. Ahora haz descender el cuerpo con los glúteos por delante hasta que la articulación de las rodillas forme casi un ángulo recto.

2 Haz descender también los brazos al mismo tiempo que te agachas, con lo que doblarás los codos y los llevarás un poco hacia atrás. Por último endereza el cuerpo con los hombros hacia delante y vuelve a estirar hacia los brazos para arriba.

› Repite el ejercicio desde 10 veces hasta llegar a 15, y luego 20 repeticiones más. Incrementa el grado de dificultad del ejercicio aumentando los pesos de las manos.

› Comienza con objetos que pesen alrededor de 1 kg y aumenta poco a poco en función de tu estado de *fitness*. Para conseguir mayor esfuerzo, en lugar de mancuernas o botellas puedes servirte de una *Thera-band*. Sujeta con las manos los extremos de esa banda elástica, písala por su zona central y ejecuta el *squat*.

CONSEJO 50

Eliminar grasa y modelar la silueta con la estructuración muscular

EL ENTRENAMIENTO DE MUSCULACIÓN COMPENSA POR PARTIDA DOBLE: conseguirás tener bíceps en lugar de brazos con la consistencia de flanes y un trasero firme en vez de unos glúteos fofos; y no todo se refiere al atractivo o la belleza: los músculos ayudan a consumir calorías y quemar grasas. Si haces un entrenamiento muscular adicional, adelgazarás despacio pero de forma segura; también podrás deleitarte con alguna golosina extra sin que te haga engordar. ¡En todo caso tu figura saldrá beneficiada!

1 KILO ADICIONAL DE MÚSCULO **DESTRUYE 1,5 KILOS DE TEJIDO ADIPOSO**

Los estudios científicos más recientes lo han dejado bien claro: el factor fundamental para adelgazar, y sobre todo, para mantener un prolongado control del peso corporal, es el entrenamiento de estructuración muscular. La grasa acaba por ser quemada en la musculatura y eso ocurre a lo largo de todo el día: cuanta más musculatura tengas, menos pesarás. Esta circunstancia adquiere un significado especial a partir de los treinta años, porque a esa edad tiene lugar el comienzo, por causas hormonales, de una furtiva reducción muscular; no obstante, puedes actuar con éxito a través de ejercicios orientados a la musculación.

› **Un ejemplo de cálculo:** si has conseguido generar 3 kg de masa muscular, cada día consumes unas 100 kcal más de energía, lo que corresponde, poco más o menos, a 36.500 kcal al año. Puesto que 1 kg de grasa posee un poder calorífico de 7.000 kcal, por simple aritmética eso equivale a una eliminación de grasa de 5 kg al año, ¡y eso gracias tan solo a una musculatura entrenada de forma habitual! Por desgracia, esos cálculos también son válidos en sentido contrario, ya que a partir de los treinta años, si no se practica un entrenamiento compensatorio adecuado se pueden perder 3 kg de masa muscular cada diez años y sustituirlos por 5 kg de grasa.

Los consejos más importantes para la musculación

Intensidad del entrenamiento

› Si eres principiante, practica estos ejercicios de forma que puedas conseguir de 10 a 15 repeticiones. No debes pretender llegar a tu límite, sino tratar de mantener alguna que otra repetición «de reserva».

› A medida que aumente tu experiencia en el entrenamiento puedes exigirte una mayor intensidad e incrementar el grado de dificultad de los ejercicios de forma que tu musculatura quede agotada al cabo de 8 a 12 repeticiones. Ése es el ámbito más efectivo para conseguir la estructuración muscular.

› Si un buen día te encuentras satisfecha con tu componente muscular y aspiras como objetivo inmediato a que se mantenga terso, debes seleccionar ejercicios algo más sencillos que te permitan realizar de 15 a 20 repeticiones.

Calidad del ejercicio

› Preocúpate siempre de utilizar una técnica de ejercicios que sea muy escrupulosa con un tempo uniformemente controlado y sin excesos de brío.

› Resulta muy importante la regularidad de la respiración: hay que evitar a toda costa tanto contener el aire como respirar agitadamente.

Alimentación

› No te entrenes si observas que el estómago te hace ruido; elimina la sensación de hambre con una sabrosa barrita energética, por ejemplo.

› El momento óptimo para entrenarse se sitúa en las horas de la tarde previas a la cena; de esa forma tu cuerpo podrá optimizar la asimilación de la energía.

› Las proteínas se cuidarán de mantener un superávit de la albúmina que necesita el organismo para utilizarlo como material de construcción para las células.

Índice alfabético

Recetas

Los autores

Elisabeth Lange estudió Ciencias de la Nutrición y durante muchos años fue redactora de una importante revista femenina.
Hoy trabaja como autónoma en Hamburg-Eppendorf, donde ejerce su actividad de periodista científica y autora de libros. Su deseo es depurar la investigación actual de forma que resulte interesante y asociada a la práctica.

Elmar Trunz-Carlisi estudió Ciencias del Deporte y dirige el *Institut für Prävention und Nachsorge*: IPN (Instituto para la prevención y cuidados postoperatorios). Está especializado en deportes de rehabilitación y *fitness* y ha publicado libros y participado en numerosas colaboraciones en radio, televisión y revistas, tanto especializadas como generalistas. Además es autor y coautor de libros sobre al tema de adelgazar mientras se duerme y trabaja como ponente y profesor universitario.

CRÉDITOS

Título de la edición original:
Die 50 besten GU Tipps. Straffe formen

Editorial Hispano Europea, S. A.
Primer de Maig, 21 - Pol. Ind. Gran Via Sud
08908 L'Hospitalet - Barcelona, España.
E-mail: hispanoeuropea@hispanoeuropea.com

Advertencia importante
Las ideas, los métodos y las propuestas que figuran en esta obra representan la opinión y están basadas en la experiencia de los autores. Han sido elaboradas de acuerdo con sus mejores conocimientos y revisadas con la mayor meticulosidad posible. Sin embargo, no pueden servir para sustituir consejos ni terapias médicas. Ni los autores ni la editorial se pueden hacer responsables de los eventuales daños y perjuicios que resultaran de la aplicación práctica de las indicaciones de este libro.

Depósito Legal: B. 8290-2012

ISBN: 978-84-255-2040-2

Impreso en España
Limpergraf, S. L.
Mogoda, 29-31 (Pol. Ind. Can Salvatella)
08210 Barberà del Vallès